AF344050

Le chevalier Bayard.

HISTOIRE

DE QUELQUES

GRANDS HOMMES

DE L'ANTIQUITÉ

ET DES TEMPS MODERNES

DONT LES VERTUS, LE COURAGE ET LES TALENTS PEUVENT ÊTRE
OFFERTS EN EXEMPLE A LA JEUNESSE

Par l'Abbé L...

LIMOGES	PARIS
F. F. ARDANT FRÈRES,	F. F. ARDANT FRÈRES,
7, Avenue du Midi.	4, quai du Marché-Neuf.

AFFRE (Denys-Auguste)

Ce nom est un de ceux qui honorent le plus l'Eglise et la France en particulier.

Deuxième fils de Jean-Louis Affre, seigneur de Saint-Rome, dans le Rouergue, Denys-Auguste naquit le 27 septembre 1793. Répondant avec une docilité parfaite aux exemples et aux leçons de ses pieux parents, manifestant dès son enfance la vocation qu'il devait sanctifier un jour, il montait sur une table qui lui servait de chaire. *Monsieur le Prieur*, ainsi le nommait-on, prêchait à ses sœurs et aux domestiques de la maison.

En 1799, l'abbé de Borie, son oncle maternel, se réfugia dans sa famille et fut son premier précepteur. Les paroles de ce digne prêtre qui avait souffert dans l'exil ne furent jamais perdues pour lui. A onze ans, Denys-Auguste se faisait remarquer à l'école centrale de Rodez, un peu plus tard au collège de Sainte-Affrique. Vers sa quinzième année, sur les conseils de l'abbé Boyer, il entrait à Saint-Sulpice, conduit par l'éloquent Frayssinous, évêque d'Hermopolis. Ces trois saints prêtres ont illustré sous divers rapports la compagnie fondée par le vénérable Ollier.

En 1817, il avait terminé avec succès ses cours de théologie ; trop jeune encore pour le sacerdoce, il fut envoyé professer la philosophie au séminaire de Nantes. Là son esprit se mûrit dans les plus fortes et les plus savantes études ; là il commença la série de ses ouvrages qui eux aussi ont immortalisé son nom. Il fit paraître l'*Histoire de la Tolérance religieuse*, où il distingue avec une grande hauteur de vues la tolérance dogmatique, qui serait la négation de la vérité, de la tolérance civile, qui, dans certains cas, peut être une loi que les circonstances imposent à des gouvernements.

Ordonné prêtre le 16 mai 1820, il entra au noviciat de la société de Saint-Sulpice, et bientôt après il y enseigna la théologie. Nommé aumônier de l'hospice des Enfants-Trouvés, à Paris, il quitte ce ministère pour devenir vicaire-général de Luçon, et peu après d'Amiens, qu'il gouverna neuf ans. Ces deux diocèses parlent encore de lui avec admiration. On y raconte une foule d'anecdotes édifiantes sur ses vertus sacerdotales, sur les œuvres qu'il fonda, etc.

En 1834, venu à Paris surveiller l'impression d'une nouvelle édition de son *Traité de l'Administration temporelle des Paroisses*, il entra en rapport avec Mgr de Quélen, de douce et sainte mémoire. Le prélat, comprenant vite le concours précieux que lui donnerait un prêtre aussi mûr par les talents et les vertus, l'attacha comme chanoine à sa métropole.

En 1835, on offre à l'abbé Affre la coadjutorerie de Strasbourg, qu'il n'accepte qu'en 1839. A la mort de Mgr de Quélen il fut nommé premier vicaire-général capi-

tulaire de Paris, et quelques mois après, le 6 août 1840
il en est sacré archevêque. Le cadre d'une notice ne nous
permet pas de dire la bonté de son administration, son
rare discernement des hommes et des choses, son activité
sa fermeté, son amour de la discipline, ses œuvres innom-
brables de piété et de charité, sa modération en tout;
nous nous hâtons d'arriver au fait le plus glorieux de la
vie entière du noble archevêque. Nous voulons parler
de son martyre.

C'était le 23 juin 1848, jour douloureux, d'un éternel
souvenir. La démagogie socialiste faisait un effort suprême
pour ressaisir le pouvoir dont elle s'était crue maîtresse
le 24 février précédent. Tout Paris était à feu et à sang;
partout des barricades, partout des blessés et des morts.
Le saint archevêque veut tâcher de mettre un terme à cette
horrible guerre fratricide. Il conçoit la grande pensée de
faire intervenir la religion au sein même de la lutte la
plus meurtrière. En vain ses vicaires-généraux le dissua-
dent de son projet d'apparaître au milieu des combattants.
Qu'est-ce que la vie de l'homme en présence d'un grand
devoir? Se rendant chez le général Cavaignac, chef du
pouvoir exécutif, il obtint de lui la permission de parlementer
avec les insurgés. Il part; son zèle ne se décourage par
aucun des effroyables spectacles qu'il a sous les yeux. Toutes les rues qui environnaient la Bastille présentaient l'as-
pect d'une place de guerre. De la Bastille il redescend sur
la place de l'Arsenal; de là il se dirige vers la colonne de
Juillet; enfin il entre dans la grande rue Saint-Antoine.
Là se dressait une énorme barricade; là le pontife, précédé
d'un ouvrier son parlementaire, qui portait une branche
d'olivier, s'arrête un instant; puis, malgré le bruit des
balles et de la mitraille, il cherche à gravir le sommet de
ce monticule ensanglanté. Il élevait la main, demandait le
silence et s'écriait : « Mes amis ! » lorsqu'un coup de fusil
part et une balle l'atteint au milieu des reins. Il tombe.
Déposé dans une maison voisine, il passe au milieu des

insurgés qui pleurent en lui baisant les mains. Partout dans ce quartier la consternation est à son comble, on n'entend que ces mots : « Oh ! qui a pu tuer le bon archevêque ? quelle perte pour nous ! » Nul en effet n'a jamais su de quelle main était partie la balle sacrilége.

Il fut porté sur un brancard à l'hôtel des Quinze-Vingts, de là à l'Archevêché. Enfin, malgré les soins empressés des premiers médecins de la capitale, il meurt le 28 juin, entouré de ses prêtres et fortifié par tous les sacrements, en disant ces paroles inscrites sur son tombeau et sur les médailles frappées en son honneur : *Que mon sang soit le dernier versé.* Il achevait sa 55ᵉ année.

Ce n'est pas seulement la France, abstraction faite de tous les partis, mais le monde entier qui déplora cette mort glorieuse. Le souverain pontife voulut, contrairement à l'usage, qu'un service solennel fût célébré à Rome pour cette illustre victime de la charité ; lui-même fit un éloge mémorable d'un prêtre en qui Dieu avait réuni la triple couronne du docteur, du pasteur et du martyr !

AMBROISE (SAINT)

Evêque de Milan.

Tout ce ce que la vertu la plus pure a de meilleur, saint Ambroise l'eut en partage. Son père était préfet du prétoire, l'une des quatre premières dignités de l'empire, et comme préfet des Gaules ; il résidait à Arles, à Lyon ou à Trèves. On suppose que le saint est né dans cette dernière ville. On raconte de son enfance un prodige qui présagea son avenir : un essaim d'abeilles couvrit son visage lorsqu'il dormait dans la cour du prétoire ; la nourrice, inquiète, s'étant hâtée de chasser celles qui étaient dans la bouche d'Ambroise, demeura très étonnée de les voir sortir sans faire aucun mal à l'enfant.

Son éducation fut conforme à son rang et aux espérances qu'avaient fait naître ses premières années ; les maîtres les plus habiles lui enseignèrent les sciences, et il se forma à la religion par les leçons et surtout par les exemples touchants de sa mère et de sa sœur, sainte Marceline. L'histoire du saint nous apprend que les plus illustres eurent presque tous pour mère et pour sœurs des femmes admirables par leurs vertus. C'étaient elles qui frappaient surtout d'admiration les païens et les convertissaient. Ambroise quitta Rome lorsque ses études furent terminées, et vint à Milan suivre la carrière du barreau. Il s'y montra avec tant d'éclat, qu'il fut nommé gouverneur des provinces consulaires de la Liguerie et de l'Eucilie. Sa douceur et sa sagesse lui gagnèrent l'estime et l'attachement du peuple, dans un temps où l'Italie et le pays de Milan surtout étaient déchirés par les troubles et les fureurs de l'arianisme. A la mort d'Auxence, évêque de Milan, les catholiques et les ariens étaient sur le point d'en venir aux mains pour le choix du successeur, lorsque Ambroise se rendit à l'église afin de faire cesser le tumulte ; son éloquence émut tous les cœurs. Un enfant s'étant écrié : « Ambroise, évêque ! » catholiques et ariens obéirent à cette inspiration et le proclamèrent leur pasteur. Après de nombreuses difficultés de la part du saint, il fut baptisé et ordonné. Les grecs et les latins célèbrent encore cette ordination le 7 décembre.

Ambroise ne tarda pas à justifier par l'éclat de sa vertu la volonté divine qui l'avait désigné aux peuples italiens. Son influence s'étendit au loin ; de tous côtés on venait le consulter, ou pour des intérêts privés, ou pour les intérêts de l'empire. Pendant plusieurs années il eut à lutter contre l'audace et les intrigues des sectaires, contre les menaces et les persécutions de tous genres ; mais, grâce à ses prières et à sa persévérance, le saint triompha et ne fut plus troublé par l'arianisme.

Il jouissait en paix de ses travaux quand son cœur fut déchiré par la nouvelle du massacre de Thessalonique, ordonné par Théodose. Dans sa première douleur, Ambroise s'abstient d'écrire à Théodose ; il sort de la ville, souffrant et malade, et va se livrer dans le silence de la campagne au chagrin qui l'accable et au regret de n'avoir pas empêché cette exécution barbare. Enfin, quelques jours écoulés, il écrit à Théodose une lettre touchante où il lui représente l'énormité de son crime ; il lui dit que le péché ne s'effacera que par les larmes ; il l'avertit qu'il ne peut offrir le sacrifice en sa présence. Quelque temps après, l'empereur, de retour à Milan, voulut entrer dans l'église où Ambroise officiait. Le saint s'avance vers lui pour le retenir ; il lui représente que, d'après les règles de la discipline, il ne lui est pas permis de paraître dans le temple. Pendant huit mois entiers Théodose s'abstint d'aller à l'église et se soumit à la pénitence publique.

Vers le mois de février 397, Ambroise étant tombé malade, toute l'Italie se regarda comme menacée d'une ruine totale par la mort d'un évêque respecté par les Barbares eux-mêmes, chéri des peuples, des princes et des empereurs. Le vendredi-saint, 3 avril, le saint évêque, quoique fatigué par une maladie longue et douloureuse, demeura en prières depuis cinq heures du soir jusqu'à minuit, et il expira, âgé de 57 ans, ayant occupé pendant vingt-trois ans le siége de Milan. Son corps fut porté dans la grande église de cette ville, nommée depuis la basilique Ambroisienne.

Les œuvres de saint Ambroise forment plusieurs volumes.

ANQUETIL

Historien.

Sous plusieurs rapports Louis-Pierre Anquetil est un exemple à proposer à la jeunesse. L'amour du travail fut en lui si grand, qu'à vingt ans il était professeur de belles-lettres, de philosophie et de théologie au collége de Saint-Jean de Beauvais. Il avait fait à la vérité d'excellentes études au collége Mazarin d'abord, et ensuite dans la congrégation de Sainte-Geneviève, où l'avait conduit le désir de mettre à profit la riche bibliothèque de cette confrérie.

Directeur, en 1756, du séminaire de Reims, ce fut là qu'avec la collaboration de Félix de Lasalle il composa une histoire de Reims, qui donna une idée de ce qu'il devait être un jour. Trois ans après, Anquetil quitta Reims pour le prieuré de La Rue, en Anjou, qu'il quitta bientôt pour prendre la direction du collége de Senlis. Il y publia son *Esprit de la Ligue*, l'un des meilleurs ouvrages que nous possédions en ce genre. Il venait d'être fait prieur de Château-Renard lorsque la révolution éclata.

Rentré dans l'obscurité par sa propre volonté, il s'occupa entièrement de la composition de son *Précis de l'Histoire universelle*. La douceur de son caractère, son isolement, tout semblait devoir le mettre à l'abri des persécutions de 1793, il n'en fut rien. Arrêté et détenu à Saint-Lazare, pendant la Terreur, il conserva assez de calme et de sérénité au milieu du danger dont il était environné pour y terminer presque entièrement son *Histoire universelle*, qui parut peu de temps après sa mise en liberté.

Le calme cependant revint après l'orage; aussi dès 1789

Anquetil fut-il un des premiers nommé membre de la classe de l'Institut remplaçant l'ancienne Académie des Inscriptions et Belles-Lettres. Vers cette époque il fut employé au ministère des affaires étrangères, et profita des matériaux qui se trouvaient à sa disposition pour publier plusieurs ouvrages, entre autres : *l'Intrigue du Cabinet* et les *Motifs des Traités de paix et des guerres* pendant les règnes de Louis XIV, de Louis XV et de Louis XVI, ouvrage, dit La Harpe, médiocrement écrit, mais utile à ceux qui aiment la science toute faite et ne veulent pas se donner la peine d'étudier les mémoires originaux. Il est à regretter que, cédant à des préventions gallicanes et aux influences de la cour, il ait émis des propositions et composé des pages que réprouve la foi vraiment catholique.

Anquetil se fit chérir de tous ceux qui l'approchèrent par la douceur de ses mœurs et son égalité d'humeur. Sensible, bon, généreux, il employait une partie de la fortune qu'il s'était acquise à soulager les malheureux ; et sa manière d'exercer la bienfaisance doublait toujours le prix du bienfait.

Singulièrement laborieux, Anquetil avait une santé robuste, et son excessive tempérance lui permettait, même vers la fin de sa vie, de consacrer dix heures par jour au travail. Il mourut dans sa quatre-vingt-quatrième année. La veille de sa mort, il disait à ses amis : « Venez, amis, venez voir un homme qui meurt plein de vie ! »

AUGET DE MONTYON

Magistrat.

Jean-Baptiste-Antoine-Robert Auget de Montyon, naquit le 23 septembre 1733, cette époque où la France, entraînée par l'hérésie et le philosophisme, semblait se reposer de l'enfantement d'un siècle illustre pour donner le jour au siècle des révolutions ; époque critique, véritable sommeil des nations, avant-coureur des crises fatales qui aboutissent à leur chute.

Né d'une famille distinguée, et possesseur d'une grande fortune, dès sa jeunesse M. de Montyon, loin de voir dans l'illustration de sa naissance une excuse pour la dissipation et les vices, comprit qu'elle lui imposait le devoir d'une vie sans tache et sans reproche. Aussi à peine avait-il atteint le terme de la première jeunesse, en 1755, qu'il fut nommé avocat du roi au Châtelet, et entra dans la magistrature. Une aptitude singulière au travail, un jugement sain, toutefois moins sain que son cœur, une bienveillance pleine de discernement, toujours prompte à s'éveiller en faveur de l'infortune, mais non sans éviter l'écueil d'une imprudente charité, la maturité précoce d'une expérience puisée dans de profondes études, telles furent les qualités qui, dans un âge si tendre, fondèrent la réputation justement méritée de M. de Montyon.

De la magistrature judiciaire M. de Montyon passa bientôt à la magistrature administrative. Il en parcourut les emplois les plus importants. Ami judicieux des hommes de lettres de son temps, il ne craignait même pas de donner des avis sévères à ces puissances du jour, mais il ne possédait pas une foi assez vive pour comprendre le mal de leurs détestables ouvrages.

Une académie, une institution utile exprimait-elle le regret de n'avoir pas un second prix à donner, vite M. de Montyon s'empressait d'en fournir secrètement les fonds.

Dans un cours à une accadémie n'ayant qu'un prix à décerner, on avait distingué quatre ouvrages : trois prix furent successivement offerts dans trois lettres anonymes. On cherchait les trois bienfaiteurs parmi les plus puissants personnages de ce temps ; il n'y en avait qu'un seul, et c'était M. de Montyon. On lui indique un jour un jeune littérateur dont les talents s'annonçaient avec éclat, et qui manquait des dons de la fortune. M. de Montyon lui fit offrir une pension, mais ne voulut point être nommé. « Je n'accepte le bienfait, dit le jeune écrivain, que sous la condition de connaître mon bienfaiteur. » Le combat dura quelque temps; mais il n'y eut aucun moyen de fléchir ni la modestie de l'homme d'État, ni la délicatesse de l'homme de lettres.

L'intendance de M. de Montyon en Auvergne fut un enchaînement de soins paternels, de combinaisons savantes et de bienfaits. Quand les fonds publics lui manquaient pour réparer un désastre local, il y suppléait par sa fortune. Dans une année de famine, il fit ordonner à ses frais des travaux publics pour l'embellissement de la ville d'Aurillac. Tous les indigents reçurent par lui du pain, et la ville profita des malheurs mêmes qui avaient désolé ses murs. Quand il quitta cette intendance, les habitants d'Aurillac adoucirent leurs regrets en élevant un obélisque à la gloire de leur excellent magistrat qui ne pouvait plus s'opposer au témoignage de leur reconnaissance.

Plus de trente ans après, en 1802, cette même ville, où M. de Montyon faisait encore parvenir quelques secours du sein même de l'émigration, ne craignit pas de lui rendre de nouveaux honneurs publics. C'est une jouissance pour le cœur que de voir à travers les obstacles du temps, de l'exil et de la révolution, cette fidélité réciproque du bienfait et de la reconnaissance.

M. de Montyon suivit sur la terre d'exil le comte d'Artois, devenu depuis Charles X, auquel il était attaché. Le culte du malheur était pour lui le culte le plus sacré. Il eut encore le moyen d'être bienfaisant sur la plage étrangère, grâce au tardif séquestre mis en France sur ses biens, et qui lui permit de sauver la plus grande partie de sa fortune. Alors ses dons ou cachés, ou embellis par une délicatesse ingénieuse, vinrent chercher dans de pauvres et obscures retraites des familles françaises qui autrefois avaient pratiqué les mêmes vertus que lui. Il remplissait alors les nobles fonctions de conseiller du malheur, de courtisan d'une puissance exilée.

Ce fut vers ce temps que l'académie de Gœttingue couronna un mémoire sur l'assiette de l'impôt, où M. de Montyon traitait ce sujet, non-seulement avec les vues d'un homme d'Etat exercé, mais avec celles d'un profond moraliste. Il écrivit ensuite un mémoire historique sur les ministres des finances, depuis Colbert jusqu'à M. Necker. Dans cet ouvrage plein d'esprit et d'intégrité, M. de Montyon resta toujours fidèle à la justice, aux convenances, au bon goût.

M. de Montyon rentra en France à la chute de Napoléon. Il se plut à voir les académies restaurées ; mais la révolution avait emporté les fondations qu'il avait faites pour engager les talents utiles et pour la proclamation des actes de vertu pratiqués dans les classes obscures. M. de Montyon, toujours sous le voile de l'anonyme, rétablit ces dotations. En même temps il entretenait une correspondance active et noblement mystérieuse avec tous les bureaux de bienfaisance. Il avait eu le malheur de survivre à toute sa famille : les indigents lui en formèrent une nouvelle.

Après tant de belles actions, celle qui les réunit et les surpasse toutes, celle enfin qui couronne dignement une carrière si pleine aux yeux des hommes et de la Divinité, c'est son testament, daté du 12 novembre 1819, testament qui a imprimé à ses bienfaits le sceau de l'immortalité. Les sentiments qui l'avaient constamment animé s'y reproduisent avec cette majesté auguste empreinte dans les dernières volontés de l'homme de bien mourant. Ici, c'est le vieux serviteur d'une famille royale proscrite, mauvais courtisan dans la prospérité, ami dévoué aux jours du malheur, qui perpétue ses regrets sur un marbre consacré à Elisabeth de France. Là, c'est le savant éclairé qui veut encore, comme par le passé, favoriser la science et veiller à ses découvertes. Dans sa sollicitude pour l'avenir, il confie à ses largesses le germe des améliorations qu'il ne

verra pas éclore, mais dont ses descendants doivent jouir.
Plus loin, c'est l'homme de lettres curieux de conserver
à sa patrie cette prééminence qu'elle doit aux inspirations
du catholicisme. Enfin c'est le bienfaiteur des malheureux,
qui mérite encore ce titre par-delà le tombeau.

Le complément important que réclamait la charité pu
blique avait de tout temps occupé les pensées de M. de
Montyon. Déjà ce projet de son existence entière avait reçu
une partie de son exécution; en achevant de la réaliser,
son testament a perpétué cette admirable création. Jamais
la science sublime de faire le bien, considérée humainement,
n'a produit un plus grand résultat; et l'on dirait qu'après
lui avoir inspiré tant de merveilleux dévouements, sa com-
patissante bonté s'est surpassée elle-même dans cette dernière manifestation.

Ainsi M. de Montyon, escorté de ses bonnes œuvres,
arrive sans crainte à ce jour solennel qui est le juge de
tous ceux qui l'ont précédé. Sa mort fut douce et calme
(29 septembre 1820) comme un paisible sommeil qui vient
après une une soirée paisible. Assise au chevet de ce pieux
vieillard, la Religion chrétienne dévoilait à ses yeux une
aurore nouvelle, embellie des promesses de son Dieu.

Son héritage surpasse toutes les espérances, peut-être
même ses prévisions; et de l'immensité de sa succession,
les dons qu'il avait légués à la science, aux lettres, à la
vertu et au malheur, reçurent, ainsi que son testament le
prescrivait, un accroissement considérable. Telle avait été
la simplicité de sa vie, que sa fortune s'était prodigieuse-
ment élevée; tel était son désintéressement, qu'il paraissait ignorer lui-même l'étendue de sa richesse, non qu'il
négligeât le soin d'administrer avec sagesse des biens dont
il se regardait seulement comme le dépositaire, mais l'ordre admirable qui présidait à leur conservation les avait
augmentés au-delà de ses calculs. Quel bien plus considérable n'eut-il pas fait, si malheureusement il n'avait pas
trop ménagé et suivi les doctrines des tristes réformateurs

de cette époque. Franchement catholique, il aurait laissé un nom sans tache. Lisons ce qu'a dit de lui une revue religieuse : « Il fut le contemporain de Turgot, de d'Alembert, » de Diderot ; il adopta sincèrement tous les principes de » la philosophie du 18e siècle, philosophie féconde en » grandes idées, et surtout en grands résultats, mais niaise » aussi quelquefois. Elle réduisait l'homme à l'homme : en » même temps qu'elle chassait de son cœur le sentiment » divin, elle créait pour remplir ce grand vide la philan- » thropie : la religion avait placé dans le ciel la palme de » la vertu ; la philosophie des élèves de Voltaire rapprocha » le but ; elle mit la récompense sur la terre, elle voulut » prendre les hommes pour juges de ce qui ne devait se » passer qu'entre l'homme et Dieu. Lorsqu'on relit les mé- » moires de ce temps-là, l'on est étonné de tout ce qui se » faisait pour la vertu : rois, princes, ducs, marquis, » tous, même le comte de Provence, depuis Louis XVIII, » tous l'encourageaient à l'envi par des fêtes, des discours, » des médailles, des sommes d'argent : chacun voulait » avoir un homme vertueux dans ses domaines. A la vérité, » quelques années après, la Convention célébrait la fête » des femmes sans honneur. Pour qui veut réfléchir, il n'y » a rien de surprenant.

Les cendres de M. de Montyon reposent à Vaugirard. Une simple pierre indique le lieu de sa sépulture ; une petite grille de fer l'entoure.

AUGUSTIN (SAINT),

Évêque d'Hippone.

Nous avons parlé plus haut du saint évêque de Milan, de saint Ambroise ; saint Augustin fut un de ses plus illustres disciples.

Augustin naquit à Tagaste, petite ville d'Afrique, l'an 354, sous le règne de l'empereur Constance.

Tous les détails de sa vie sont dans ses sublimes *Confessions*. Saint Augustin raconte comment il fut élevé par les soins d'une mère pieuse, sainte Monique, qui désira ardemment le rendre savant et religieux. L'étude des belles-lettres l'entraînait plus que celle du grec et de la grammaire. Dès l'âge de seize ans, il succomba aux passions de la jeunesse. A dix-neuf ans, la lecture d'un livre de Cicéron l'enthousiasma pour la philosophie, et il fut conduit à embrasser avec zèle l'hérésie des Manichéens. Mais ni son cœur ni son esprit n'étaient satisfaits ; il sentait en lui le besoin d'un plus grand bien, d'une plus grande perfection. Il vint à Rome, puis à Milan. Les prédications de saint Ambroise le touchèrent. Sa mère le rejoignit ; Alype et Nébride, ses vertueux amis, vinrent vivre avec lui. Ses méditations devenaient chaque jour plus profondes, sa vie prenait plus de gravité ; il marchait d'un pas rapide vers la religion. Il lut l'Écriture sainte, et en sentit toute la puissance. Enfin, un jour qu'on lui raconta comment deux officiers de l'empereur venaient d'abandonner leur brillante existence pour s'ensevelir dans un monastère, il éprouva une émotion extraordinaire. Ayant quitté son ami Alype, il alla se coucher sous un figuier ; et, versant un torrent de larmes, il demanda à Dieu de lui donner plus de force. Alors il entendit une voix qui lui disait : « Prenez et lisez ! » Il se leva, et, prenant les *Épîtres de saint Paul*, il les ouvrit au hasard avec une inexprimable angoisse, et y lut : « Ne vivez pas dans les festins, ni dans la luxure ; revêtez-vous de notre Seigneur Jésus-Christ, et ne cherchez pas à contenter votre chair suivant les désirs de votre sensualité. » Dès ce moment son sort fut fixé. Cette époque de la conversion de saint Augustin a paru digne à l'Église d'être consacrée comme celle de saint Paul ; la fête s'en célèbre le 5 mai.

Dès lors saint Augustin se retira dans la solitude avec

quelques amis , et il s'occupa à composer divers ouvrages
religieux. Il reçut le baptême dans sa trente-troisième année,
des mains de saint Ambroise. Il résolut de retourner en
Afrique , et perdit à cette époque sa sainte mère. Arrivé en
Afrique il vendit ses biens pour en distribuer le produit aux
pauvres , et conserva seulement de quoi vivre en commun,
frugalement , avec quelques amis; trois ans après , il fut
ordonné prêtre , afin d'aider l'évêque d'Hippone , qui était
vieux. Il commença à prêcher avec un incroyable succès :
l'Afrique se couvrait de monastères et d'églises ; le nombre
des chrétiens allait se multipliant. Saint Augustin n'en con-
tinuait pas moins à écrire ses ouvrages pour combattre les
hérésies.

En 395 il fut fait évêque d'Hippone ; tout son épiscopat se signala contre la secte des Donastistes , très répandue en Afrique , et contre celle de Pélage. Il employa le
reste de sa vie à maintenir la foi catholique contre des attaques de toute espèce , à la répandre par ses vertus. De tous
les points du monde chrétien on lui soumettait toutes les
difficultés , l'on implorait son savoir et son éloquence. Le
plus beau et le plus complet de ses ouvrages est sans contredit *la Cité de Dieu*. Saint Augustin montre combien , même
lorsqu'elle est éclairée par la plus pure philosophie, l'ido-
lâtrie est impuissante à donner aux hommes même le bonheur de cette vie ; puis il explique ce que c'est que la cité
céleste , c'est-à-dire l'église de Dieu , qui subsiste au ciel
dans toute sa gloire , et dont quelques fragments sont dis-
persés parmi la cité terrestre.

En 427 , Hippone fut assiégée par les Vandales; le saint
évêque ne se laissa point abattre , il prodigua des secours
et des consolations à tout son troupeau. Il mourut le troi-
sième mois du siège, le 28 août 430.

Les œuvres de saint Augustin forment plusieurs volumes
in-folio. Son nom est un de ceux qui doivent davantage porter les pécheurs à se convertir.

BARTH (Jean)

Marin.

Né à Dunkerque, d'un simple pêcheur, il est plus connu que s'il avait dû le jour à un monarque. Dès 1675 il était célèbre par plusieurs actions aussi singulières que hardies. Il serait trop long de les détailler toutes. Sa bravoure ayant éclaté en différentes occasions, il eut le commandement, en 1692, de sept frégates et d'un brûlot. Trente-deux vaisseaux de guerre, anglais et hollandais, bloquaient le port de Dunkerque. Il trouva le moyen de passer, et le lendemain il enleva quatre vaisseaux anglais richement chargés qui allaient en Moscovie. Il alla brûler quatre-vingt-six bâtiments, tant navires qu'autres vaisseaux marchands.

Il fit ensuite une descente vers Newcastle, y brûla environ 200 maisons, et emmena à Dunkerque pour 500 mille écus de prises. Sur la fin de la même année 1692, ayant été croiser au nord avec trois vaisseaux du roi, il rencontra une flotte hollandaise chargée de blé. Elle était escortée par trois navires de guerre. Barth les attaqua, en prit un, après avoir mis les autres en fuite, et se rendit maître de seize vaisseaux de cette flotte

En 1695 il eut le commandement du vaisseau *le Glorieux*, de 66 canons, pour servir dans l'armée navale, commandée par Tourville, qui surprit la flotte de Smyrne. Barth s'étant trouvé séparé de l'armée, rencontra proche de Faro six navires hollandais, tous richement chargés; il les fit échouer et brûler.

Le héros marin, actif, infatigable, partit quelques mois après avec six vaisseaux de guerre, pour amener en France, du port de Vlékeren, une flotte chargée de blé.

Il la conduisit heureusement à Dunkerque, quoique les Anglais et les Hollandais eussent envoyé de grosses frégates pour l'empêcher.

Au commencement de l'été de 1694, il se mit en mer avec les mêmes vaisseaux pour aller chercher une flotte chargée de blé pour le compte du roi, qui était restée dans différents ports du nord. Cette flotte était déjà partie au nombre de plus de cent voiles, sous l'escorte de deux vaisseaux danois et un suédois. Elle fut rencontrée entre le Texel et le Vlie par le contre-amiral de Frise, nommé Hides de Vries, qui commandait une escadre composée de huit vaisseaux de guerre, et n'eut point de peine à s'emparer de la flotte. Mais le lendemain Barth le rencontra à la hauteur du Texel, et quoique inférieur en nombre et en artillerie, lui enleva sa conquête, prit le contre-amiral et deux autres vaisseaux. Cette grande action lui valut des lettres de noblesse.

Deux ans après, en 1696, Jean Barth causa encore une perte considérable aux Hollandais en se rendant maître d'une partie de leur flotte, qu'il rencontra à six lieues de Vlie ou Vlieland, île voisine du Texel. Son escadre était composée de huit vaisseaux de guerre et de quelques armateurs, et la flotte hollandaise de 106 vaisseaux marchands, escortée de quelques frégates; Barth l'attaqua avec vigueur, et aborda lui-même le commandant, prit 30 vaisseaux marchands et 4 du convoi, sans avoir souffert que très peu de perte. Il ne put néanmoins profiter de sa conquête. Ayant rencontré presque aussitôt 12 vaisseaux de guerre hollandais, convoyant une flotte qui allait au Nord, il fut contraint de mettre le feu à sa prise pour l'empêcher de retomber entre les mains des ennemis. Il ne se sauva lui-même qu'à force de voiles de la poursuite de quelques autres vaisseaux.

Ce célèbre marin mourut en 1702, à 51 ans, avec une grande réputation. Sans protecteurs et sans autre appui que lui-même, il devint chef d'escadre, après avoir passé par tous les degrés de la marine. Il était de haute taille, robuste, bien fait de corps, quoique d'un air grossier. Il ne savait ni lire ni écrire, ayant seulement appris à mettre son nom. Il parlait peu et mal, ignorant les bienséances, s'exprimant et se conduisant partout en matelot. Le roi lui ayant dit : *Jean Barth, je viens de vous nommer chef d'escadre*, il lui répondit fièrement : *Vous avez bien fait, Sire.*

Lorsque le chevalier de Forbin l'amena à la cour, en 1691, les plaisants de Versailles se disaient : *Allons voir le chevalier de Forbin qui mène l'ours.* Il se présenta, dit-on, avec une culotte de drap d'or, doublée de drap d'argent ; et la gêne que cette doublure produisait lui donnait une attitude assez plaisante. Jean Barth n'était bon que sur son navire. Il était très propre pour une action hardie, mais incapable d'un projet un peu étendu.

BARTHÉLEMY (Jean-Jacques)

Abbé et Académicien.

De l'académie française et de celle des inscriptions. Il était né à Cassis, près Aubagne, le 20 janvier 1716. Après avoir fait ses premières études sous le père Reynaud de l'Oratoire, il les continua chez les jésuites, et il se livra entièrement à l'étude des langues savantes. En 1744, il se rendit à Paris. Gros de Boze, alors garde du cabinet des médailles, l'accueillit avec intérêt, et se chargea de le diriger dans la science numismatique, pour laquelle il montrait les plus heureuses dispositions. Il y fit de si grands progrès que Louis XV le désigna pour succéder à ce savant, mort en 1753.

L'abbé Barthélemy se livra alors avec une nouvelle

ardeur à ses recherches, et il entreprit à cet effet un voyage
en Italie. Le cabinet des antiques renfermait 20,000 médailles ; à force de constance et de soins, il parvint à dou-
bler ce nombre, et à mettre dans cette collection un ordre
que les savants venaient admirer de toutes les parties de
l'Europe. Infatigable au travail, il entreprit son *Voyage
d'Anacharsis*, recueil des plus intéressants sur l'histoire,
la religion, le gouvernement, les mœurs et les arts des
Grecs. Le style en est agréable et élégant ; c'est une des
meilleures productions du 18ᵉ siècle : elle n'est cependant
pas exempte de diffusion, et renferme peut-être trop d'é-
loges et pas assez de critique. Il travailla à cet ouvrage
pendant 50 ans. « Dans cette composition, dit un biblio-
» graphe, on ne sait ce qu'on doit admirer le plus ou de
» l'immense étendue des connaissances qu'elle exigeait et
» qu'elle renferme, ou de l'art singulier des rapproche-
» ments et des transitions par lesquels l'auteur a su lier
» imperceptiblement tant d'objets disparates et unir tant
» de contrastes ; ou de l'élégance continue et de l'agrément
» infini de toutes les narrations, de toutes les discussions,
» qu'au premier coup d'œil on serait tenté de prendre pour
» les jeux d'une belle imagination. »

Cependant, comme toutes les productions de ce siècle,
celle-ci renferme encore quelques symptômes de la philosophie du jour ; mais c'est un des ouvrages modernes où
elle se montre avec le plus de retenue et de décence. Il y a
même bien des réflexions dont les coryphées de la philosophie n'ont pas dû être contents. Barthélemy portait le titre
et le costume d'abbé, mais il n'entra jamais dans les
ordres. Quoiqu'il fût l'homme de lettres le plus riche de son
temps, il vécut toujours dans la plus grande simplicité de
mœurs, et employa une partie de sa fortune à avancer sa
famille. Un de ses amis lui demandait un jour pourquoi il
n'avait pas un équipage. « J'aurais pris, répondit-il, une
» voiture, si je n'avais pas craint de rougir en trouvant
» sur mon chemin des gens de lettres à pied qui valaient
» mieux que moi. »

La grande considération dont il jouissait ne le mit point à l'abri des coups de la révolution, dont il avait cependant, à son insu peut-être, exalté les principes subversifs par son enthousiasme sans réserve pour les républiques grecques. Il avait perdu une grande partie de sa fortune ; sur une simple dénonciation de *suspect*, il fut arrêté et conduit à la prison des Madelonnettes. Mais son entrée fut pour lui un triomphe ; les prisonniers, apprenant son arrivée, descendirent l'escalier et l'accueillirent avec les témoignages d'une vénération profonde et d'un attendrissement sincère. Les révolutionnaires eux-mêmes, sensibles pour la première fois à la vertu et au talent, lui rendirent la liberté le jour suivant, et le ministre de l'intérieur, comme pour le dédommager de l'affront qui lui avait été fait, vint lui offrir la place de bibliothécaire. L'abbé Barthélemy la refusa sous prétexte de son grand âge ; mais le dégoût de la vie fut, dit-on, le principal motif de ce refus. En effet, depuis ce moment il se fit en lui un changement remarquable. « Désenivré de la gloire, dit Sainte-Croix, son » amour pour elle s'affaiblit chaque jour ; bientôt il ne » s'embarrassa plus de l'avenir pour lequel il avait tant » vécu. » Il disait que la révolution était mal nommée, qu'il fallait l'appeler une révélation, faisant allusion à la terrible expérience qu'elle donnait aux hommes. Il mourut le 30 avril 1795. Outre son *Voyage d'Anacharsis*, ci-devant cité, dont il y a eu un très grand nombre d'éditions de tous les formats, et qui a été traduit dans presque toutes les langues de l'Europe, on a de lui un grand nombre d'ouvrages, principalement sur les antiquités et les médailles, plusieurs mémoires et dissertations savantes dans les Mémoires de l'académie des inscriptions.

BAYARD (Pierre du TERRAIL de),

Né en Dauphiné, d'une famille noble, il fut d'abord page
du gouverneur de cette province. Le roi Charles VIII,
appelé en Italie par Alexandre VI, mena le jeune guerrier,
en 1495, à la conquête du royaume de Naples. Il s'y distingua partout, mais principalement à la bataille de Fornoue.
Charles VIII étant mort, Bayard ne fut pas moins utile à
Louis XII. Il contribua beaucoup à la conquête de Milan.
Dans une bataille qui se donna en 1501, dans le royaume de
Naples, il soutint seul, comme Coclès, sur un pont étroit,
l'effort de 200 chevaliers qui l'attaquaient.

A la prise de la ville de Bresse, il reçut une blessure
dangereuse et fit un acte de vertu héroïque. Son hôte lui
ayant fait remettre 2,000 pistoles, en reconnaissance de
ce qu'il l'avait garanti du pillage, il donna cette somme à
ses deux filles qui la lui apportaient. En 1514, il eut la
lieutenance-générale du Dauphiné. A la bataille de Mari-
gnan contre les Suisses, il combattit à côté de François Ier.
C'est à cette occasion que ce roi voulut être fait chevalier
de la main du héros, suivant les usages de l'ancienne
chevalerie.

Bayard défendit ensuite pendant six semaines Mézières,
place mal fortifiée, contre une armée de 40,000 hommes
et de 4,000 chevaux. Le conseil du roi avait résolu de brûler cette place, qui ne paraissait pas être en état de soutenir un siége. Bayard s'y opposa en disant à François Ier :
*Il n'y a point de places faibles là où il y a des gens de
cœur pour les défendre.* L'amiral de Bonivet s'étant rendu
en Italie, le chevalier Bayard le suivit en 1523.

L'année d'après il reçut, à la retraite de Rebec, un
coup de mousquet qui lui cassa l'épine du dos. Ce héros,

blessé à mort dans cette déroute, ordonna, après avoir fait quelques prières et recommandé son âme à Dieu, qu'on le mît sous un arbre, le visage tourné vers l'ennemi, *parce que*, dit-il, *n'ayant jamais tourné le dos, il ne voulait pas commencer dans ses derniers moments.* Il pria ensuite d'Alégre d'aller dire au roi, *que le seul regret qu'il avait en quittant la vie était de ne pouvoir pas le servir plus longtemps.* Le connétable Charles de Bourbon, qui l'estimait, l'ayant trouvé dans cet état, comme il poursuivait les Français, lui témoigna combien il le plaignait. Bayard lui répondit : *Ce n'est pas moi qu'il faut plaindre, mais vous, qui portez les armes contre votre roi, votre patrie et votre serment.* Il expira peu de temps après, âgé de 48 ans. Quoique Bayard n'eût jamais commandé en chef, les troupes le regrettèrent comme si elles avaient perdu le meilleur des généraux. Plusieurs officiers et plusieurs soldats allèrent se rendre aux ennemis pour avoir la consolation de voir une fois le chevalier. L'ennemi, aussi généreux qu'eux, ne voulut pas qu'ils fussent prisonniers. On remit son corps, après l'avoir embaumé, pour être porté à Grenoble sa patrie. Le duc de Savoie lui fit rendre les honneurs qu'on rend aux souverains, et le fit accompagner par la noblesse jusque sur la frontière.

On avait donné à ce grand homme le nom de *Chevalier sans peur et sans reproche*, et il le méritait bien. Il avait cette vertu naïve et cet héroïsme plein de franchise dont un siècle raffiné ne fournit plus d'exemples. Il savait que la valeur sans religion n'était qu'une espèce de fureur, dénuée des lumières qui doivent la rendre humaine et utile; il donnait en toute occasion des preuves publiques de son attachement à la foi chrétienne. Dès qu'il eut été blessé, son premier mouvement fut de baiser la croix de son épée, n'ayant pas d'autre figure propre à retracer le signe de notre rédemption.

BERNARD (SAINT),

Né en 1091, dans le village de Fontaine, en Bourgogne, d'une famille noble, se fit moine à l'âge de 22 ans, à Cîteaux, avec 30 de ses compagnons. Son éloquence énergique et touchante leur avait persuadé de renoncer au monde. Clairveaux ayant été fondé en 1115, Bernard, quoiqu'à peine sorti du noviciat, en fut nommé le premier abbé. Cette maison était si pauvre alors, que les moines faisaient souvent leur potage de feuilles de hêtre, et mélaient dans leur pain de l'orge, du millet et de la vesce.

Le nom de Bernard se répandit bientôt partout. Il eut jusqu'à 700 novices. Le pape Eugène III, des cardinaux, une foule d'évêques, furent tirés de son monastère. On s'adressait à lui de toute l'Europe. En 1128, on le chargea de dresser une règle pour les templiers, comme le seul homme capable de la leur donner. En 1130, un concile assemblé à la réquisition de Louis le Gros, s'en rapporta à lui pour examiner lequel d'Innocent II ou d'Anaclet, élus tous les deux papes, était le pontife légitime. Bernard se déclara pour Innocent, et toute l'assemblée y souscrivit.

Quelque temps après il fut envoyé à Milan avec deux cardinaux, pour réconcilier cette église qui s'était jetée dans le parti de l'antipape Anaclet. La foule fut si grande à sa porte tout le temps qu'il resta dans cette ville, que son tempérament délicat ne pouvant résister aux empressements du peuple, il fut obligé de ne se montrer plus qu'aux fenêtres, et de donner de là sa bénédiction aux Milanais. On voulut en vain l'engager à accepter cet archevêché; il aima mieux retourner en France. Il assista au concile de Sens, en 1140, et y fit condamner plusieurs propositions d'Abailard , éthologien bel-esprit , qui se flattait d'être son rival.

Eugène III , son disciple , lui donna bientôt une commission plus importante. Il écrivit à son maître de prêcher la croisade. Cet homme zélé et éloquent persuada d'abord Louis le Jeune , roi de France. Il l'engagea d'aller combattre en Asie des barbares qui menaçaient l'Europe , de leur enlever les belles provinces qu'ils avaient envahies , et de secourir des chrétiens qui gémissaient sous un joug aussi cruel qu'injuste. Ce projet d'une sage politique , fruit naturel de la religion et de la charité , fut combattu un moment par l'abbé Suger , à raison des circonstances qui semblaient s'opposer au départ du roi ; car ce ministre , qui a formé aussi le plan d'une croisade , ne désapprouvait point l'expédition en elle-même.

Le sentiment de Saint-Bernard prévalut. Ses conseils étaient des oracles pour les princes et pour le peuple. On dressa un échafaud en pleine campagne , à Vézelai en Bourgogne , sur lequel l'humble cénobite parut avec le roi. Il prêcha avec tant de succès, que tout le monde voulu être croisé. Quoiqu'il eût fait une grande provision de croix , il fut obligé de mettre son habit en pièces pour suppléer à l'étoffe qui manquait. L'enthousiasme que son éloquence inspira fut si véhément , que Bernard écrivit au pape Eugène : *Vous avez ordonné , j'ai obéi , et votre autorité a rendu mon obéissance fructueuse. Les villes et les châteaux deviennent déserts , et l'on voit partout des veuves dont les maris sont vivants.* On voulut charger le prédicateur de la croisade d'en être le chef ; mais soit humilité , soit horreur du tumulte des armes , il refusa une dignité dangereuse et pénible que l'ermite Pierre n'avait pas craint d'accepter.

De France il passa en Allemagne, détermina l'empereur Conrad III à prendre la croix , et promit , de la part de Dieu , les plus grands succès. On marche de tous les côtés de l'Europe vers l'Asie , et on envoie une quenouille et un fuseau à tous les princes qui refusaient de s'engager dans cette entreprise. Saint Bernard resté en Occident tandis que tant de guerriers allaient chercher la victoire ou la mort en Orient, s'occupa à réfuter les erreurs de Pierre de Bruys, du moine Raoul qui exhortaient les peuples, au nom de Dieu, d'aller massacrer tous les Juifs ; à confondre Gilbert de la Porée, Eon de l'Etoile, et les sectateurs d'Arnault de Brescia.

Quelque temps avant sa mort, il publia son *Apologie pour la Croisade* qu'il avait prêchée ; car il se trouva des esprits peu justes qui voulaient le rendre responsable du mauvais succès qu'elle avait eu. Saint Bernard rejeta ce malheur sur les dérèglements des soldats et des généraux qui la composaient. Il appuyait son Apologie de l'exemple de Moïse, qui, après avoir tiré d'Egypte les Israélites, ne fit point entrer ces incrédules et ces rebelles dans la terre qu'il leur avait promise. Il parle ensuite avec beaucoup de modestie des miracles qui avaient autorisé ses prédications et ses promesses.

Saint Bernard mourut en 1153, après avoir fondé ou agrégé à son ordre 72 monastères, en France, en Espagne, dans les Pays-Bas, en Angleterre, en Irlande, en Savoie, en Italie, en Allemagne, en Suède, en Hongrie, en Danemarck, etc. ; et s'il faut y comprendre les fondations faites de son temps par les abbayes dépendantes de Clairvaux, on doit en compter 160 et plus. « Il avait été donné à cet homme extraordinaire, dit un auteur célèbre, de dominer les esprits. On le voyait d'un moment à l'autre passer du fond de son désert au milieu des cours ; jamais déplacé, sans titre, sans caractère, jouissant de cette considération personnelle qui est au-dessus de l'autorité ; simple moine de Clairvaux, plus puissant que l'abbé Suger, premier ministre de France, et conservant sur le pape Eugène III, qui avait été son disciple, un ascendant qui les honorait également l'un et l'autre. » Les protestants, quoique opposés à sa doctrine, lui ont cependant rendu plus de justice que plusieurs des écrivains catholiques de notre siècle. Luther dit, par une espèce d'exagération, qu'il l'emporte sur tous les docteurs de l'Eglise ; Bucer le nomme un homme de Dieu ; OEcolampade le loue comme un théologien, dont le jugement était plus exact que celui de tous les écrivains de son temps ; Calvin l'appelle un pieux et saint écrivain, par la bouche duquel la vérité elle-même semble parler. « Au milieu des ténèbres, dit Morton, » Bernard brille tout à la fois par la lumière de ses exem- » ples et de sa science. » Plût à Dieu, dit Carleton, parmi beaucoup d'invectives contre le saint, « que nous en vis- » sions aujourd'hui plusieurs, et même un, tel qu'il est » certain qu'a été Bernard. » Le beau et touchant canti-que *Ave, maris Stella* est de sa composition.

BOILEAU (NICOLAS),

Sieur Despréaux, naquit, selon Louis Racine, à Paris, selon le plus grand nombre des biographes, à Crosne, près de Paris, le 1er novembre 1636, de Gilles Boileau. Son enfance fut fort laborieuse. Sa mère étant morte, et son père absorbé dans ses affaires, il fut abandonné à une vieille servante qui le traitait avec dureté. On rapporte que son père, quelques jours avant de mourir, disait de ses enfants, en examinant leur caractère : « Colin est un bon garçon ; *il n'a point d'esprit, il ne* » *dira du mal de personne.* » L'humeur taciturne du petit Nicolas fit porter ce jugement. On ne tarda pas à le trouver mal fondé.

Il n'était encore qu'en quatrième lorsque son talent pour la poésie se développa. Une lecture assidue des grands poètes de l'antiquité, que le temps des repas interrompait à

peine, annonçait qu'il était né pour quelque chose de plus
que son père n'avait pensé. Il avait commencé ses études au
collège d'Harcourt ; il les continua à celui de Beauvais. Dès
qu'il eut fini son cours de philosophie, il se fit recevoir
avocat. Du droit, il passa à la théologie scolastique.
Dégoûté de ces deux sciences, il se livra à son inclina-
tion.

Ses premières satires parurent en 1666. Elles furent recherchées avec empressement par les gens de goût et par
les malins, et déchirées avec fureur par les auteurs que le
jeune poète avait critiqués. Boileau répondit à tous leurs
reproches dans sa 9e *Satire à son esprit*. L'auteur emploie
le masque de l'ironie, et enfonce ses dards en feignant de
badiner. Cette pièce a été mise au-dessus de toutes celles
qui l'avaient précédée. La plaisanterie y est plus fine, plus
légère et plus soutenue, mais aussi souvent poussée trop
loin. En attaquant les défauts des écrivains, Boileau le sa-
tirique n'épargna pas toujours leur personne. On est fâché
d'y trouver que *Colletet, crotté jusqu'à l'échine, allait men-
dier son pain de cuisine en cuisine ; que Saint-Amand n'eut
pour tout héritage que l'habit qu'il avait sur lui, etc.*, per-
sonnalités blâmables, et qui dérogent au mérite de la critique la mieux fondée. L'on peut même dire que, quant aux
jugements littéraires, ses Satires n'étaient pas exemptes de
préjugés, de partialité et de malignité.

Son *Art poétique* suivit de près ses *Satires*. Ce poème
renferme les principes fondamentaux de la poésie et de
tous les différents genres de poésie, resserrés dans des vers
énergiques et pleins de choses. La poétique d'Horace a moins
d'ordre et d'art, mais elle fait le fondement de l'autre, et
en a fourni presque toutes les idées.

Le Lutrin fut publié en 1674, à l'occasion d'un différend
entre le trésorier et le chantre de la Sainte-Chapelle. Ce
fut le premier président de Lamoignon qui proposa à Despréaux de le mettre en vers. Un sujet si petit en apparence
acquit de la fécondité sous la plume du poète. Cependant

les personnages ne sont pas nobles, l'action n'est pas importante, le sujet est frivole. Qu'y apprend-on ? Quel fruit pourront tirer les jeunes gens qui liront ce poëme ? Ils apprendront à parler sans respect de ceux qu'ils devraient s'accoutumer à respecter. Un prélat devenu trésorier de la Sainte-Chapelle est peint comme un homme efféminé, assis mollement sur des coussins ou couché sur un lit de plumes, et plus occupé du soin d'aller à table que d'aller à l'église. Des chanoines vermeils, pieux fainéants et brillants de santé, s'engraissent dans une sainte oisiveté, couchés dans des lits enchanteurs, et n'ayant jamais vu, depuis trente ans, le lever de l'aurore. Les cordeliers, les augustins, les mineurs ont chacun leur coup de pinceau. Cîteaux est le séjour de la mollesse et des plaisirs nonchalents. Tous les religieux en général sont accusés d'aimer la mollesse, les prélats de briguer d'amples revenus pour en abuser. On dira que Boileau a soin d'avertir dans la préface que les chanoines qu'il traite si mal sont d'un caractère opposé à ce qu'il en dit dans ses vers. Mais pourquoi en parler mal s'ils méritent qu'on en parle bien ? Aussi quelque soit le mérite littéraire du Lutrin, ce n'est qu'une détestable composition.

Louis XIV choisit Boileau pour écrire son histoire conjointement avec Racine. L'académie française lui ouvrit ses portes en 1684. Il fut aussi un des membres de l'académie naissante des inscriptions et belles-lettres. Boileau, que son titre d'historiographe appelait souvent à la cour, y parut avec toute la franchise de son caractère, franchise qui tenait un peu de la brusquerie. Mais après la mort de son ami Racine, Boileau n'y parut plus qu'une seule fois pour prendre les ordres du roi sur son histoire. *Souvenez-vous*, lui dit ce prince en regardant sa montre, *que j'ai toujours une heure par semaine à vous donner, quand vous voudrez venir*. Il passa le reste de ses jours dans la retraite, tantôt à la ville, tantôt à la campagne. Dégoûté du monde, il ne faisait plus de visites et n'en recevait que de ses amis. Il n'exigeait pas d'eux des flatteries ; *il aimait mieux*, disait-il, *être lu qu'être loué*. Sa conversation était traînante, mais agréable par quelques saillies, et utile par des jugement ordinairement exacts sur les écrivains.

Lorsqu'il sentit approcher sa fin, il s'y prépara en chrétien qui connaissait ses devoirs. Il mourut en 1711, à l'âge de 75 ans, à la suite d'une hydropisie de poitrine. La religion, qui éclaira ses derniers moments, ne l'avait jamais quitté, et les écarts de sa conduite ou de ses écrits n'avaient point affaibli son attachement au christianisme.

Le plus grand mérite de Despréaux est de rendre ses idées d'une manière serrée, vive et énergique, de donner à ses vers ce qu'on appelle l'harmonie imitative, de se servir du mot propre. Il est grand versificateur, quelquefois poète et bon poète ; par exemple dans son épître sur le passage du Rhin, dans quelques descriptions de son *Lutrin* et dans d'autres endroits de ses ouvrages ; mais il ne l'a pas toujours été dans quelques-unes de ses satires et de ses épitres, surtout dans les premières et dans les dernières. Il a paru créateur en copiant ; mais on lui reproche (et il en convient lui-même) de n'avoir point assez varié le tour de ses ouvrages en vers ou en prose.

BOSSUET,

Orateur sacré.

Il naquit le 27 septembre 1627. Par la mâle beauté de son génie, par la vaste étendue de ses connaissances et la profondeur de sa doctrine, Bossuet mérita l'estime de son siècle. Il était fils de Bénigne Bossuet, seigneur d'Assu, avocat et conseiller des états de Bourgogne. Dès son enfance il donna d'heureux présages de ce qu'il serait un

Grands hommes. 3

jour. A l'âge de sept ou huit ans il récitait des sermons qu'il apprenait par cœur et qu'il prononçait de fort bonne grâce. Il avait puisé ce goût, dans lequel il s'est immortalisé, dans une visite qu'il fit bien jeune au cabinet de son père. Il trouva une bible latine. Examiner ce livre avec attention, demander à son père la permission de l'emporter, obtenir cette permission, tout cela fut l'affaire d'un instant. Possesseur de l'ouvrage, il l'étudia avec un zèle incroyable, et cette lecture, avouait-il plus tard, lui fit éprouver un plaisir jusqu'alors inconnu pour lui.

Laborieux, actif, intelligent, Bossuet fit ses études au collège des Jésuites. Ses camarades, jouant sur son nom, l'avaient surnommé *Bos suetus aratro* (bœuf traînant la charrue), pour indiquer l'aptitude ardente avec laquelle il se livrait au travail.

Parvenu en rhétorique, Bossuet s'y distingua entre tous. Il entra dans l'état ecclésiastique.

Bientôt, le 20 novembre 1640, les grandes espérances qu'il donnait lui firent obtenir un canonicat à Metz. Sur la fin de 1643, il soutint sa première thèse de théologie qui fut alors fort remarquée. Vers cette époque, la marquise de Rambouillet souhaita de l'entendre, et fit partager le désir qui l'animait aux personnes d'esprit et de qualité qui avaient déjà rendu célèbres les réunions de l'hôtel de Rambouillet. Bossuet y prêcha devant une brillante assemblée, et son succès fut complet; c'est ainsi qu'il préluda à cette carrière qu'il a su remplir avec un talent si distingué.

Bossuet fut fait diacre à Metz, en 1649. Il trouva dans le maréchal de Schomberg, gouverneur de la ville, et dans son épouse, des amis zélés qui contribuèrent beaucoup à le faire avantageusement connaître à la cour.

Etudiant sans cesse, et particulièrement se livrant aux lectures des Pères et des conciles, Bossuet obtint le bonnet de docteur en Sorbonne; et dès lors se dévoua sans réserve à la défense de l'Eglise et de ses principes.

Quand il dut célébrer sa première messe, il fit sa retraite

préparatoire à Saint-Lazare, où il reçut du supérieur de cet établissement, l'illustre saint Vincent de Paul, l'accueil le plus digne et le plus affectueux. Dans la suite, Bossuet fut un de ceux qui sollicitèrent avec le plus d'ardeur sa canonisation du pape Clément IX.

En 1663 il prêcha devant le roi, et Louis XIV ressentit une si vive satisfaction de ce sermon, qu'il fit écrire au père de Bossuet pour le féliciter d'avoir un tel fils.

Élu à l'unanimité, en 1671, membre de l'académie française, après avoir fait l'éducation du dauphin, Bossuet fut nommé par Louis XIV évêque de Meaux. En 1678 il fut déclaré premier aumônier de la dauphine ; en 1687 fait conseiller d'État, et, l'année suivante, premier aumônier de la duchesse de Bourgogne.

Bossuet mourut dans sa soixante-dix-septième année, le 12 avril 1704. Ses sermons lui assignent le premier rang parmi les orateurs sacrés. Il excellait dans les oraisons funèbres, genre d'éloquence où il faut de l'imagination et une grandeur majestueuse qui tient de la poésie. L'oraison funèbre de la reine d'Angleterre parut un chef-d'œuvre, et celle de Madame, enlevée à la fleur de son âge, et morte entre ses bras, eut le plus grand et le plus rare des succès, celui de faire verser des larmes à la cour. Il fut obligé de s'arrêter après ces paroles : « Nuit désastreuse ! nuit effroyable ! où retentit tout-à-coup, comme un éclat de tonnerre cette étonnante nouvelle : *Madame se meurt ! Madame est morte !* » L'auditoire éclata en sanglots, et la voix de l'orateur fut interrompue par les soupirs et les pleurs.

La gloire de Bossuet est devenue une gloire nationale ; ses œuvres, devenues classiques, resteront longtemps des modèles pour tous ceux qui veulent s'habituer au talent si rare de bien dire.

BOURDALOUE (Louis).

Il naquit à Bourges en 1632, et prit l'habit de jésuite en 1648. Ses heureuses dispositions pour l'éloquence engagèrent ses supérieurs à le faire passer de la province à la capitale. Les chaires de Paris retentirent de ses sermons. Son nom pénétra bientôt à la cour. Louis XIV ayant voulu l'entendre, il débuta par l'Avent de 1670. Il prêcha avec tant de succès qu'on le redemanda pour le carême de 1672, 1674, 1675, 1680 et 1682, et pour les avents de 1684, 86, 89, 91 et 93. On l'appelait le *roi des prédicateurs et le prédicateur des rois*. Louis XIV voulut l'entendre tous les deux ans, « aimant mieux ses redites que les choses nouvelles d'un autre. » Ses succès furent les mêmes en province qu'à Paris et à la cour : à Montpelier, où le roi l'envoya après la révocation de l'édit de Nantes, en 1686, pour faire goûter la religion catholique par ses sermons et ses exemples, il eut les suffrages des catholiques et des nouveaux convertis.

Sur la fin de ses jours il abandonna la chaire et se voua aux assemblées de charité, aux prisons ; se faisant petit avec le peuple autant qu'il était sublime avec les grands. Il avait un talent particulier pour assister et consoler les malades. On le vit souvent passer de la chaire au lit d'un moribond. Il mourut le 13 mai 1704, admiré de son siècle et respecté même des ennemis des jésuites. Sa conduite, dit un auteur estimé, était la meilleure réfutation des Lettres Provinciales. Le Père Bretonneau, son confrère, donna deux éditions de ses *ouvrages*, commencées en 1708 par Rigaud, directeur de l'imprimerie royale.

Voici la distribution de ses œuvres : *Avent*, 1 vol. ; *Carême*, 3 vol. ; *Dominicales*, 4 ; *Exhortations*, 2 ; *Mystères*, 2 ; *Panégyriques*, 2 ; *Retraite*, 1 ; *Pensées*, 3.

Il n'y a peut-être pas d'ouvrage plus fort de choses que

ces *Pensées* : on y trouve un fonds inépuisable de morale, de théologie et de véritable philosophie, présenté avec une simplicité et une dignité de langage qui n'a point trouvé d'imitateurs. Son portrait, qu'on voit dans les premières éditions de ses Sermons, n'a été tiré qu'après sa mort. On y lit ce passage du psaume 118 : *Loquebar de testimoniis tuis in conspectu regum, et non confundebar*, qui exprime son ministère ainsi que la manière dont il s'en acquitta. Il en soutint toujours la liberté et n'en avilit jamais la dignité. Nulle considération ne fut capable d'altérer sa franchise et sa sincérité. Ses manières étaient simples, modestes et prévenantes : mais son âme était pleine de force et de vigueur.

« Tantôt élevé, tantôt simple, dit l'auteur de la *Dé-
» cadence des lettres et des mœurs*, toujours noble et jamais
» familier, il se met à la portée de l'esprit de tous les hom-
» mes ; ses idées se développent, se succèdent rapidement
» et avec netteté ; d'une vérité qu'il établit naissent mille
» autres vérités nouvelles qui se soutiennent et se forti-
» fient mutuellement ; il s'abandonne à ces grands mouve-
» ments qui surprennent, agitent, remuent l'auditeur ;
» concis, serré sans sécheresse, profond sans obscurité, il
» raisonne, il discute, il prouve ; comme c'est l'esprit qu'il
» veut subjuguer, il l'attaque, le combat, le suit dans tous
» les détours, saisit ses subtilités, détruit ses sophismes et
» ses erreurs, le presse, le force enfin à se rendre à l'évi-
» dence. Nourri de la doctrine des Pères de l'Eglise, on voit
» que son goût naturel, plus que la nécessité, l'a porté à
» s'enrichir de leurs trésors ; son éloquence est celle des
» Chrysostôme, des Augustin ; il en a l'âme, le génie, l'a-
» bondance ; son style sévère n'a rien de recherché ni
» d'affecté ; il est nerveux et plein de force ; les orne-
» ments, les fleurs, les grâces du langage s'y trouvent pla-
» cés naturellement. Bourdaloue, en un mot, est de tous
» les orateurs sacrés le plus accompli, et le créateur de
» l'éloquence de la chaire. »

On l'a souvent mis en parallèle avec Massillon (1). L'un et l'autre sont très éloquents, mais ils le sont d'une manière différente. Chacun peut suivant son goût donner la préférence à l'un ou à l'autre. Tous deux peuvent être regardés comme les plus parfaits modèles des prédicateurs. Bourdaloue est plus concis, plus serré ; il s'attache plus à convaincre. Il est plus logicien et plus théologien, mais il a quelque chose de grave et d'austère. Massillon, sans atténuer la sévérité de la morale évangélique, l'insinue avec plus d'art, sans négliger les raisonnements, et cherche surtout à parler au cœur. Il descend dans la conscience de ses auditeurs, leur dévoile les ressorts les plus secrets de leurs actions, et les confond par des peintures où chacun est étonné et honteux de se reconnaître. Beaucoup de gens, ceux surtout qui s'attachent à la force et à l'empire de la raison avant de se livrer à l'enthousiasme du sentiment, aiment mieux l'éloquence du Père Bourdaloue. Tout étant balancé de part et d'autre, la première place, dit l'abbé Trublet, demeure au Père Bourdaloue.

« Ce qui plaît, ce que j'admire principalement dans
» Bourdaloue, dit l'abbé Maury, dans les *Réformes sur*
» *l'éloquence* qu'on voit à la tête de ses Discours, c'est qu'il
» se fait oublier lui-même, c'est que, dans un genre trop
» souvent livré à la déclamation, il n'exagère jamais les
» devoirs du christianisme, ne change point en préceptes
» les plus simples conseils, que sa morale peut toujours
» être réduite en pratique ; c'est la fécondité inépuisable
» de ses plans, qui ne se ressemblent jamais, et l'heureux
» talent de disposer ses raisonnements avec cet ordre dont
» parle Quintillien lorsqu'il compare le mérite d'un ora-
» teur à l'habileté d'un général qui commande une armée,
» *velut imperatoria virtus* ; c'est cette logique exacte et
» pressante qui exclut les sophismes, les contradictions, les
» paradoxes ; c'est l'art avec lequel il fonde nos devoirs

____

(1) Voir Massillon, plus loin.

» sur nos intérêts, et ce secret précieux, que je ne vois
» guère que dans ses Sermons, de convertir les détails des
» mœurs en preuves de son sujet ; c'est cette abondance de
» génie qui ne laisse rien à imaginer au-delà de ses Dis-
» cours, quoiqu'il en ait composé au moins deux, souvent
» trois, quelquefois même quatre sur la même matière, et
» qu'on ne sache après les avoir lus auquel de ces sermon
» donner la préférence ; c'est la simplicité d'un style ner-
» veux et touchant, naturel et noble ; la connaissance la
» plus profonde de la religion, l'usage admirable qu'il fait
» de l'Écriture, des Pères ; enfin je ne pense jamais à ce
» grand homme sans me dire à moi-même : Voilà donc
» jusqu'où le génie peut s'élever quand il est soutenu par
» le travail. »

Thomas (*Essai sur les Éloges*) ne donne à Bourdaloue
que la seconde place dans l'art des panégyriques : il le
place après Fléchier et Bossuet. Mais il faut que Bossuet
n'ait pas connu si bien que Thomas le vrai goût des *Éloges*,
puisqu'après avoir entendu l'oraison funèbre du grand
Condé, il s'écria en parlant de l'orateur : *Cet homme sera
éternellement notre maître en tout.* Thomas reproche à
Bourdaloue de n'avoir pas imité la manière de Bossuet. Le
génie crée et n'imite pas, il marche seul et ne se traîne
pas sur des traces. Laharpe enfin donne la première place
à Massillon, et reproche à l'abbé Maury de ne pas rendre
assez de justice à ce dernier, l'un des écrivains chez qui
notre langue a le plus de richesse, de douceur et de charmes. « Je regarde Massillon, dit-il, dans le genre de la pré-
» dication, comme le premier des orateurs, car c'est lui qui
» a le mieux atteint le but de ce genre d'éloquence, celui
» d'émouvoir les cœurs et de faire aimer la morale évan-
» gélique. Comme prédicateur il parle à l'âme, et comme
» écrivain, il nous charme. »

« J'ai pu, ajoute-t-il ailleurs, en revenant sur le compte
» de Bourdaloue dont il avait parlé trop légèrement en par-
» lant de l'éloquence de son siècle, ne mettre aucune com-

» paraison entre eux sous des rapports purement littérai-
» res ; et en effet je ne pense point que sous ce point de
» vue Bourdaloue puisse la soutenir ; mais je dois ici les
» examiner comme chrétien, puisque c'est pour les chré-
» tiens qu'ils ont écrit et parlé. Il est deux points où
» j'ai trouvé Bourdaloue supérieur à tout, depuis que je
» l'ai lu comme j'aurais dû toujours le lire. Ces deux mé-
» rites qui lui sont particuliers, sont l'instruction et la
» conviction, portées chez lui seul à un tel degré qu'il ne
» me semble pas moins rare et moins difficile de penser
» et de prouver comme Bourdaloue, que de plaire et de
» toucher comme Massillon.

» Bourdaloue est donc aussi une de ces couronnes du
» grand siècle, qui n'appartiennent qu'à lui ; un de ces
» hommes privilégiés que la nature avait, chacun dans
» son genre, doués d'un génie qu'on n'a pas égalé depuis.
» Son *Avent*, son *Carême*, et particulièrement ses *Sermons*
» *sur les mystères*, sont d'une supériorité de vues dont
» rien n'approche, sont des chefs-d'œuvre de lumière et
» d'instruction auxquels on ne peut rien comparer. Comme
» il est profond dans la science de Dieu ! Qui jamais est
» entré aussi avant dans les mystères du salut ! Quel au-
» tre en a fait connaître comme lui la hauteur, la richesse
» et l'étendue ? Nulle part le christianisme n'est plus
» grand aux yeux de la raison que dans Bourdaloue On
» pourrait dire de lui, en risquant d'allier deux termes
» qui semblent s'exclure, qu'il est supérieur en profondeur
» comme Bossuet en élévation. Certes, ce n'est pas un mé-
» rite vulgaire qu'un recueil de Sermons qu'on peut appeler
» un cours complet de religion, tel que, bien lu et bien
» médité, il peut suffire pour en donner une connaissance
» parfaite. C'est donc pour des chrétiens une des meilleu-
» res lectures possibles : rien n'est plus attachant pour le
» fond des choses ; et la diction, sans les orner beaucoup,
» du moins ne les dépare nullement. Elle est toujours na-
» turelle, claire et correcte ; elle est peu animée, mais

» sans vide, sans langueur, et relevée quelquefois par des
» traits de force : quelquefois aussi, mais rarement, elle
» approche trop du familier. Quant à la solidité des preu-
» ves, rien n'est plus irrésistible ; il promet sans cesse de
» démontrer, mais c'est qu'il est sûr de son fait, car il
» tient toujours parole. Je ne serais pas surpris que, dans
» un pays comme l'Angleterre, où la prédication est toute
» en preuves, Bourdaloue parût le premier des prédica-
» teurs ; et il le serait partout s'il avait les mouvements de
» Démosthène comme il en a les moyens de raisonne-
» ment. En total, je croirais que Massillon vaut mieux
» pour les gens du monde, et Bourdaloue pour les chré-
» tiens. L'un attirera le mondain à la religion par tout ce
» qu'elle a de douceurs et de charmes, l'autre éclairera et
» affermira le chrétien dans sa foi par ce qu'elle a de plus
» haut en conceptions et de plus fort en appuis. »

BUFFON

Naturaliste.

Quelques taches obscurcirent l'auréole de gloire qui entoure le nom de Buffon. L'auteur de l'Histoire naturelle fut
vain ; il se montra ridiculement entiché de son titre de
comte de Buffon, comme si son nom n'eût pas dû suffire à
sa gloire. Rempli de lui-même, Buffon se montra souvent
injuste avec ceux dont les lumières lui avaient été utiles
dans ses grands travaux. François de Neufchâteau a fait
connaître la conduite indigne de Buffon envers l'abbé
Buxon, dont la collaboration lui avait été si avantageuse.
Il ne traita pas mieux le vertueux et vénérable Daubenton
qui avait partagé ses premiers travaux. Son orgueil dé-
mesuré le faisait se complaire exclusivement dans ses
propres écrits, et, s'entourant d'admirateurs, trouver bons
de mauvais vers qui lui étaient adressés, et dénigrer à plaisir

les beaux vers de Corneille, Racine et Voltaire. Toutefois Buffon a trouvé grâce devant la postérité pour l'égoïsme qui le caractérisait; son mérite a caché ce vice odieux, ce vice anti-social; son mérite a prévalu sur ses défauts, quelque grands qu'ils eussent été; mais dans un ouvrage consacré à la jeunesse, nous aurions manqué à notre mission si nous les eussions passés sous silence. Cela dit, occupons-nous du grand homme.

Leclerc (Gorges-Louis), comte de Buffon, naquit à Montbar, en Bourgogne, le 7 septembre 1707, d'une famille distinguée dans la robe. Son père, conseiller au parlement de sa province, aurait désiré en faire un magistrat; mais s'apercevant du peu de goût de son fils pour l'étude, il le laissa libre dans le choix d'un état. Le jeune Buffon était encore indécis sur sa vocation, lorsque cette vocation lui fut révélée par le jeune duc de Kingston, dont le gouverneur cultivait les sciences; il en sentit naître en lui le germe, et dès ce moment il s'y adonna tout entier.

Buffon voyagea successivement en Italie et en Angleterre avec le duc de Kingston. Ce fut pour se perfectionner dans la langue de Shakespeare qu'il traduisit, de Hales, *la Statistique des Végétaux* (1735) et le *Traité des Fluxions*, de Newton (1740). Les préfaces de ces traductions annonçaient déjà un grand écrivain. Nommé membre de l'Académie des sciences (1733), il se livra presqu'en même temps à la physique, à la géométrie et à l'économie rurale, et fit part de ses recherches à cette savante Académie. Parmi ses diverses inventions on remarqua principalement la construction d'un miroir, dans le genre de celui d'Archimède, pour incendier les corps à de grandes distances, et des expériences sur la force du bois et sur les moyens de l'augmenter.

Néanmoins Buffon n'était pas encore *lui*. Ce ne fut qu'en 1739 que la mort de son ami Dufay lui ouvrit une carrière qu'il devait parcourir avec tant de gloire. La place d'intendant du Jardin des Plantes lui fut confiée, et dès ce moment il conçut le plan de son admirable ouvrage sur l'histoire naturelle. « Il voulut élever un monument, dit l'un de ses plus illustres biographes, où l'on vît réunis à l'éloquence de Pline, aux vues profondes d'Aristote, l'exactitude et le détail des observations des modernes. » Doué d'une ardente imagination, capable d'embrasser ce vaste plan dans son ensemble, il s'adjoignit un de ses compatriotes, Daubenton, qui possédait éminemment l'esprit de détail qui manquait à Buffon, et qui est pourtant nécessaire dans ce genre de travail. En 174, ils firent paraître en commun les trois premiers volumes de l'*Histoire naturelle*, et les douze suivants furent publiés, toujours en commun, de 1747 à 1766. En parcourant cet ouvrage il est aisé de faire la part de chaque collaborateur. Les peintures vives et brillantes, tout ce qu'on y voit de richesses d'imagination appartiennent à Buffon ; les descriptions anatomiques sont de Daubenton.

Buffon publia encore l'*Histoire des oiseaux* (1770 à 1783) ; cinq volumes *des minéraux* (1783 à 1788) ; cette dernière partie de son grand ouvrage passe pour la plus faible.

Dans ses *Époques de la nature*, Buffon a déployé toutes les ressources de son imagination ; nous ne devons pas non plus passer sous silence le *Discours sur le style* qu'il prononça à l'Académie française, au moment de sa réception (1753). Ce modèle d'éloquence et de bon goût suffirait pour le placer au rang de nos plus habiles prosateurs.

Pour nous résumer, les services que Buffon a rendus à l'histoire naturelle sont immenses et incontestables. On lui doit véritablement la création du Jardin des Plantes. Comme écrivain, à l'observation des faits, à des descriptions pleines d'intérêt et de grâce, il sut joindre une diction toujours pure, harmonieuse, et quelquefois sublime. En un mot, personne ne posséda à un plus haut degré cette pureté d'expression, et ces vives images qui en ont fait un auteur classique. Il eût été complet, si élevant son regard au-dessus de la *nature*, il avait mieux reconnu

et loué Celui dont l'univers entier raconte la puissance et
la gloire.

Buffon fut attaqué d'une maladie cruelle qui lui causait
des souffrances inouïes qu'il endurait avec une rare constance. Lorsqu'il vit arriver l'heure fatale, il remplit tous
ses devoirs de chrétien. Il mourut dans la nuit du 15 au
16 avril 1788, à l'âge de 80 ans et 7 mois, laissant un fils
qui ne put dérober sa tête à la hache révolutionnaire,
quoiqu'il se fût écrié en montant sur l'échafaud : « Citoyens, je me nomme Buffon ! »

BUGEAUD DE LA PICONNERIE
(Thomas-Robert),

Maréchal de France.

Né à Limoges, en 1784, d'une famille riche et noble,
il était engagé en 1804 comme simple soldat. Ayant pris
part à plusieurs grandes guerres de l'Empire, c'est sur le
champ de bataille qu'il conquit depuis les galons de caporal jusqu'au bâton de maréchal.

Après l'abdication de l'empereur, il se retira colonel
dans sa terre d'Excideuil (Dordogne), où il fit des études
sur l'agriculture, qui lui furent très utiles en Algérie.

A la révolution de 1830, Louis-Philippe l'appela près de
lui, et il en retira un concours puissant dans la répression
des émeutes de Paris de 1832 et 33.

Il est chargé du commandement de la citadelle de Blaye,
où était gardée à vue la duchesse de Berry. Sa générosité
pour une grande infortune, la convenance de sa conduite
dans des circonstances si difficiles, furent alors remar-
quées par tous les partis.

En 1836, envoyé en Algérie, il bat, le 6 juillet, Abd-el-Kader sur la Sickok, mais il conclut avec lui le traité de la Tafna, qui fut vivement critiqué, parce qu'il semblait reconnaître la puissance du terrible émir. Gouverneur-général de l'Algérie en 1840, il déploya les éminentes qualités du guerrier et de l'administrateur. Ne cessant de poursuivre Abd-el-Kader, lui enlevant ses principales possessions, il le rejeta dans le Maroc et gagna sur lui et les Marocains la célèbre bataille d'Isly, où 10,000 Français batirent 50,000 ennemis (14 août 1844). Dès 1843, nommé maréchal de France, il est fait en ce jour *duc d'Isly.*

Après avoir commencé à coloniser la grande Kabylie, il se retire, en 1847, mécontent de se voir contrarié dans ses plans. Nous le retrouvons à la révolution de 1848, devenu le défenseur de tous les hommes d'ordre ; sur lui reposaient les espérances de la France honnête, lorsqu'il mourut à Paris, en 1849, victime du choléra.

Le nom du maréchal Bugeaud restera glorieux dans les fastes de la France, soit qu'on considère en lui le soldat, le magistrat, l'agriculteur ou l'écrivain. Comme député de la Dordogne, il fit entendre dans nos assemblées une parole rude mais pleine de franchise et de sens, et son courage civil y fut à la hauteur de son courage militaire.

Sur la place d'Alger et de Périgueux un monument est élevé à sa mémoire, et un village de la province de Constantine porte le nom de celui que les soldats appelaient d'une manière qui caractérise bien sa bonté : *notre père Bugeaud.*

COLBERT,

Ministre

Naquit le 27 août 1619. Le nom de Colbert se rattache à tout ce qui s'est fait de grand et de généreux sous Louis XIV; sa place est ainsi marquée dans notre galerie.

Reims fut la patrie de Colbert. Les historiens sont peu d'accord sur sa famille; les uns le font descendre d'une illustre famille d'Ecosse, les autres le disent fils d'un marchand de draps depuis longtemps établi à Reims.

Ne nous occupons pas de son origine; disons seulement que, dès sa jeunesse, Colbert se fit distinguer par une noble passion pour les sciences et les arts qu'il devait un jour protéger avec tant d'éclat. Après avoir parcouru les différentes provinces de la France, Saint-Pouange, beau-frère de Letellier, le plaça chez ce secrétaire d'Etat; Letellier, qui avait la confiance de Mazarin, le fit connaître au ministre. Mazarin devina Colbert et se l'attacha. A 29 ans, Colbert était nommé conseiller d'Etat.

En 1651, Colbert épousa Marie, fille de Jacques Charron, seigneur de Ménars, grand bailli de Blois. Devenu l'intermédiaire entre Mazarin, que la haine publique avait forcé de se retirer à Cologne, et le conseiller de la régente, il remplit cette place, toute de confiance, avec un dévouement et une discrétion remarquables. Lorsque Mazarin se sentit attaqué de la maladie qui devait le conduire au tombeau, il recommanda vivement Colbert à Louis XIV. « Je vous dois tout, dit-il à ce monarque, mais je crois m'acquitter en quelque sorte envers Votre Majesté en vous donnant Colbert. »

Nommé contrôleur-général , Colbert ne tarda pas à faire sentir au pays les bienfaits de son administration. Tout marcha bientôt vers un ordre nouveau. Une chambre de justice fut établie ; les traitants furent d'abord poursuivis criminellement , puis condamnés à payer de fortes taxes, et les rentes qui leur avaient été données furent supprimées à titre de confiscation. En même temps une remise de trois millions fut faite sur la taille , et le peuple , satisfait d'être soulagé dans le plus onéreux des impôts , bénit le monarque et applaudit à son ministre.

Jusqu'alors en effet l'administration avait été un véritable chaos que Sully n'avait pas même pu débrouiller. Richelieu , occupé d'affermir l'autorité royale et d'étendre au dehors la puissance de Louis XIII , avait négligé les finances , et , après lui , les guerres de la Fronde , l'esprit et le caractère de Mazarin , avaient porté le désordre à son comble. Colbert , bien qu'il trouvât le trésor vide , deux années de revenus consommés d'avance , le peuple accablé d'impôts , et la perception des deniers publics confiée à des hommes cupides et ignorants , sut établir un ordre admirable dans toutes les branches du revenu et des dépenses publiques en faisant supprimer tous ces offices qui étaient à charge au roi et onéreux pour le peuple. Les aides sont l'impôt que Colbert a le plus augmenté. Lorsqu'il entra au ministère cet impôt ne rapportait que 1,520,000 livres ; à sa mort il montait à 21 millions. Il tendit toujours à réduire le prix du sel, regardant la gabelle comme un impôt frappant trop les pauvres et les cultivateurs. Colbert fit faire de nouvelles routes , et par là ouvrit de nouveaux débouchés au commerce. Le projet de la jonction des deux mers avait été proposé sous Louis XIII ; Riquet eut le mérite de le faire approuver et exécuter sous Colbert. Le prix de l'argent baissé fit monter et diriger les capitaux vers le commerce et l'agriculture.

Par une heureuse négociation , Colbert racheta de Charles II Dunkerque , moyennant cinq millions , et cette ville devint en peu de temps l'une des places les plus florissantes de l'Europe.

En 1664, Colbert établit les compagnies des Deux-Indes, regardées, après la fameuse confédération des villes anséatiques, comme la plus grande entreprise exécutée en faveur du commerce.

En 1667, le roi confia à Colbert le département de la marine. Bientôt la France étonna l'Europe en se montrant en état de disputer aux Anglais et aux Hollandais l'empire des mers, que jusqu'alors s'étaient partagé ces deux nations. Les ports de Brest, de Toulon et de Rochefort furent établis; ceux du Havre et de Dunkerque fortifiés, et les d'Estrées, les Duquesne, les Tourville, les Jean-Bart, les Forbin firent triompher le pavillon français qui, naguère inconnu sur les mers, y donna la loi aux nations.

L'éclatante protection qu'accorda aux lettres le ministre du grand roi eût suffi pour rendre son nom immortel.

En 1663 il fonda l'Académie des inscriptions; en 1664 l'Académie royale de peinture, de sculpture et d'architecture; en 1666 l'Académie des sciences; dans cette même année l'Académie de France à Rome, institution si utile à l'époque de la fondation. Élu membre de l'Académie française en 1678, il fait installer l'Académie au Louvre. En 1667, il fait construire l'Observatoire de Paris, et bientôt paraissent les savantes observations des Picard, des Richer et des Lahire. La magnifique colonnade du Louvre, l'arc de triomphe de la porte Saint-Martin, celui de la porte Saint-Denis, l'hôtel des Invalides, une partie des quais et des boulevards furent construits sous le ministère de Colbert; il attachait sa pensée à tout ce qui était utile comme à tout ce qui était grand. Avant lui, les habitants de Paris étaient chargés de l'entretien du pavé et de l'éclairage des rues; Colbert mit au nombre des dépenses publiques ces charges pénibles, et d'ailleurs mal remplies; enfin, dès 1665, vingt-quatre corps de garde furent par sa vigilance établis dans Paris, et firent cesser les brigandages nocturnes dont la capitale était le théâtre. Colbert protégea les savants ; et il n'y avait pas de savant distingué, quelque éloigné qu'il fût de la France, que ses gratifications n'allassent trouver chez lui par des lettres de change.

La grande influence dont jouissait Colbert commença à s'affaiblir en 1670, et alla toujours en déclinant jusqu'à sa mort. Louvois le remplaça dans l'esprit de Louis XIV.

À la suite d'une maladie de langueur, Colbert mourut le 6 septembre 1683, âgé de 64 ans.

CONDÉ (Louis de Bourbon, prince de),

Naquit le 8 septembre 1621. Celui qui un jour devait ajouter à son nom la glorieuse épithète de grand, naquit à Paris, fils de Henri II, prince de Condé, et de Marie-Charlotte de Montmorency.

Nous passerons sur les premières années de sa vie. Lorsqu'en 1647 il fut admis au conseil de régence, on le reconnut pour un de ces génies rares et transcendants, nés pour commander aux autres hommes. On voyait en effet briller en lui une vue perçante, des lumières naturelles et acquises par une lecture immense, un tact sûr, une fermeté incroyable : son application, à un âge où la gloire et les plaisirs l'environnaient, était infatigable, et sa pénétration si grande dans tout ce qui regarde la conduite et les détails d'une guerre, la politique, l'administration de la justice, les affaires d'économie, de commerce et de finances, les sciences, les arts, qu'on eût dit qu'il ne s'était livré qu'à chacun de ces objets, dont un seul souvent ne peut être approfondi par les autres hommes pendant le cours d'une longue vie. L'héroïsme de l'âme ajou-

tait un nouvel éclat à ses talents : d'un zèle sans bornes
pour la gloire du nom français, uniquement sensible à la
réputation qui vient des grandes actions, et à ces applau-
dissements délicats que les honnêtes gens savent donner à
la vertu, affable avec dignité, poli envers tous les hommes au-delà de tout ce qu'on pouvait attendre, vrai,
magnanime, d'une foi sûre et d'un secret inviolable ; tel
fut son caractère.

Le prince de Condé, du vivant de son père, porta le titre
de duc d'Enghien, nom qu'il rendit à jamais célèbre par
la fameuse victoire de Rocroi qu'il gagna, à l'âge de 22 ans,
sur les Espagnols, en 1643.

Condé signala les autres années de sa jeunesse par autant
de victoires. Il faillit périr au siège de Dunkerque, en
1646. Ce prince était allé visiter, selon sa coutume, les
nouveaux ouvrages qu'on venait de gagner, comme il
donnait ses ordres, le capitaine au régiment d'Orléans
qui lui servait d'ingénieur tomba à ses pieds frappé d'une
balle qui le fit expirer sur-le-champ. Quelques minutes
après, le prince repassait dans la tranchée, suivi d'un seul
valet de pied ; un boulet de canon emporta la tête de ce
domestique ; les morceaux épars du crâne blessèrent
Enghien au cou et au visage ; il fut inondé de sang. Tous
les spectateurs furent saisis de crainte en le voyant ainsi
défiguré et ensanglanté ; mais la contenance tranquille du
duc les rassura bientôt ; on le conjura de prodiguer moins
une vie si précieuse ; il répondit, comme il l'avait toujours
fait dans de pareilles occasions : « Qu'un prince du sang,
plus intéressé par sa naissance à la gloire de la nation,
doit, dans le besoin, s'exposer plus que personne pour
en soutenir l'éclat. »

Ce serait nous exposer à faire un cours de stratégie
militaire que d'entreprendre de suivre Condé au milieu de
ses hauts faits militaires, qui lui valurent le surnom de
Grand ; nous ne parlerons donc ni de la bataille de Sé-
neff (11 août 1674), ni du siège de Vézel, nous dirons seu-

lement que lorsque le fils de ce grand prince voulut faire peindre l'histoire de son père dans la galerie de Chantilly, il se trouva une difficulté dans l'exécution , à cause du grand nombre d'exploits éclatants du héros contre son roi et sa patrie, comme le secours de Cambrai, celui de Valenciennes, la retraite devant Arras. Pour pouvoir parler de ces événements , le prince Jules fit dessiner la muse de l'histoire qui tenait un livre sur le dos duquel était écrit : *Vie du prince de Condé;* cette muse arrachait des feuillets du livre qu'elle jetait à terre : on lisait sur ces feuillets : *Secours de Cambrai* , *Secours de Valenciennes* , *Retraite devant Arras;* enfin toutes les belles actions de Condé durant son séjour dans les Pays-Bas , actions dont tout était louable à l'exception de l'écharpe qu'il portait quand il les fit.

Ce grand prince , tourmenté de la goutte , passa les dernières années de sa vie dans sa belle retraite de Chantilly; il y fit admirer des vertus paisibles qui ne le cédaient point à ses vertus guerrières. Il rassemblait souvent chez lui des gens de lettres et se plaisait à s'entretenir avec eux de leurs ouvrages dont il était bon juge. Lorsque , dans ces conversations littéraires , il soutenait une bonne cause , il parlait avec beaucoup de grâce et de douceur ; mais quand il en soutenait une mauvaise , il ne fallait pas le contredire ; sa vivacité devenait si grande , qu'on voyait bien qu'il était dangereux de lui disputer la victoire. Le feu de ses yeux étonna une fois si fort Boileau , dans une dispute de cette nature , qu'il céda par prudence , et dit tout bas à son voisin : « Dorénavant je serai toujours de l'avis de M. le prince... quand il aura tort. » Ce héros mourut le 15 décembre 1686.

CORNEILLE (Pierre),

Né à Rouen, le 6 juin 1606, de Pierre Corneille, maître des eaux et forêts, parut au barreau, n'y réussit point, et se décida pour la poésie. *Mélite* fut sa première pièce de théâtre. Cette comédie, toute imparfaite qu'elle était, fut jouée avec un succès extraordinaire. *Mélite* fut suivie de la *Veuve*, de *la Galerie du Palais*, de *la Suivante*, de *la Place Royale*, de *Clitandre* et de quelques autres pièces qui ne sont bonnes à présent que pour servir d'époque à l'histoire du théâtre français. Corneille prit un vol plus élevé dans sa *Médée*, et surtout dans le *Cid*, tragi-comédie jouée en 1636. Les Espagnols, dont il avait emprunté ce sujet (c'était une imitation du *Guillem de Castro*), voulurent bien copier eux-mêmes une copie dont l'original leur appartenait, mais qui, par les embellissements dont l'avait accompagné l'auteur français, était au-dessus de tout ce qu'a produit le théâtre espagnol. Il fit ensuite les *Horaces*, *Cinna*. Le grand Condé, à l'âge de 20 ans, étant à la première représentation de cette dernière pièce, versa des larmes à ces paroles d'Auguste :

> Je suis maître de moi comme de l'univers
> Je le suis, je veux l'être. O siècles ! ô mémoire !
> Conservez à jamais ma nouvelle victoire.
> Je triomphe aujourd'hui du plus juste courroux,
> De qui le souvenir puisse aller jusqu'à vous.
> Soyons amis, Cinna, c'est moi qui t'en convie.

Corneille augmenta encore sa gloire par *Polyeucte*. Le style n'en est pas si fort ni si majestueux que celui de *Cinna*, mais cette pièce a quelque chose de plus touchant.

Après *Polyeucte* vint *Pompée*, dans laquelle l'auteur

profita de Lucain, comme dans sa *Médée* il avait imité Senèque ; mais dans les endroits où il les copie, il paraît original, et dans ceux qu'il n'a pas empruntés d'eux, le poète français est fort au-dessus de ces deux romains. *Le Menteur*, pièce comique, et presque entièrement prise de l'espagnol, suivit la tragédie de *Pompée*. Au *Menteur* succéda *Rodogune*, qu'il aimait d'un amour de préférence. Il disait que, pour trouver la plus belle de ses pièces, il fallait choisir entre *Rodogune* et *Cinna*, quoique le public penchât plus du côté de la dernière. *Héraclius* parut ensuite, et le public ne la trouva point indigne des chefs-d'œuvre qui l'avaient précédée. Puis vinrent *Sertorius* et *Othon*, où, malgré une certaine dureté de style, il y a encore de grands traits. Turenne étant un jour à une représentation de *Sertorius*, s'écria, dit-on, à cette scène : *Où donc Corneille a-t-il appris l'art de la guerre ?*

Ce fut par *Agésilas*, *Attila*, *Pulchérie*, *Bérénice* et *Suréna*, que ce père du théâtre finit sa carrière. Ce sont les ouvrages d'un vieillard ; mais ce vieillard est Corneille. Si nous n'en jugeons que par les pièces du temps de sa gloire, quel sublime dans ses idées ! quelle élévation de sentiments ! quelle noblesse dans ses portraits ! quelle profondeur de politique ! quelle vérité, quelle force dans ses raisonnements ! Chez lui les Romains parlent en Romains, les rois en rois ; partout de la grandeur et de la majesté. On sent en le lisant qu'il ne puisait l'élévation de son génie que dans son âme. C'était un ancien Romain parmi les Français, un Cinna, un Pompée, etc. Corneille, débarrassé du théâtre, ne s'occupa plus qu'à se préparer à la mort. Il avait eu dans tous les temps beaucoup de religion. Il traduisit l'*Imitation de Jésus-Christ* en vers, version fort accueillie, mais qui manque du plus beau charme de l'original, de cette simplicité touchante, de cette naïveté tendre qui opèrent plus de conversions que tous les sermons. Corneille s'étant accusé à confesse de quelques poésies qui pouvaient avoir des effets fâcheux sur les mœurs, avait reçu pour pénitence de traduire le premier livre de cet ouvrage précieux; le succès qu'eut cet essai l'engagea à le traduire entièrement.

Corneille mourut doyen de l'Académie française, en 1664, regardé comme le plus grand poëte tragique de la France. Racine a la seconde place, quoique supérieur à son rival dans une des plus belles parties de l'art du théâtre, dans la versification. On fera à son gré l'intervalle entre ces deux places un peu plus ou un peu moins grand; c'est là ce qu'on trouve en ne comparant que les ouvrages de part et d'autre. Mais si l'on compare les deux hommes, l'inégalité est plus grande. Il est peut-être incertain que Racine eût été si Corneille ne fût pas venu avant lui; il est certain que Corneille a été par lui-même. La Harpe ne prononce pas sur la prééminence entre lui et Racine; voici le jugement qu'il porte sur ces deux grands tragiques : « On a dit que Corneille avait
» un esprit plus créateur; l'a-t-on bien prouvé? En s'expli-
» quant sur le mot, on pourra douter du fait. Si l'on veut
» dire qu'il a tiré la scène française du chaos, et qu'il a
» fait le premier de très belles choses, on a raison. Mais
» s'ensuit-il qu'il y ait plus de création dans ses ouvrages
» que dans ceux de Racine? ce n'est pas, ce me semble,
» une conséquence nécessaire. On ne peut pas dire de lui
» qu'il a fait Racine, comme on a dit qu'Homère avait
» fait Virgile. Virgile a fidèlement suivi les traces d'Homère,
» Racine a suivi une route toute différente de celle de
» Corneille; mais celui-ci a ouvert le chemin. Oui, il a eu
» l'avantage de venir le premier; mais pour être sûr que
» Racine n'en eût pas fait autant, il faudrait prouver qu'il
» n'y a pas la même force d'invention dans ses ouvrages;
» et en revenant à cette comparaison, l'examen ne sera
» pas à son désavantage... Je crois voir dans tous les deux
» la même force de conception; mais l'un, dans ses com-
» positions, a plus consulté la nature de son talent; l'autre
» celle de la tragédie. Le premier, naturellement porté au
» grand, a subordonné l'art à son génie; il l'a établi sur

» un ressort qu'il maniait supérieurement, l'admiration.
» L'autre, plus souple et plus flexible, a vu dans la ter-
» reur et la pitié les ressorts naturels de la tragédie, et a su
» y appliquer toutes les ressources de son esprit. Aussi le
» premier n'a-t-il guère employé la terreur que dans le
» cinquième acte de Rodogune, et la pitié que dans le Cid
» et dans les scènes de Sévère et de Pauline. L'autre, dans
» toutes ses pièces, a tiré des effets plus ou moins grands
» de ces deux moyens qu'il n'a jamais négligés... L'effet des
» pièces de Corneille est moins touchant, moins profond,
» moins soutenu, moins déchirant que celui des pièces de
» Racine, mais il est quelquefois plus vif; il arrache moins
» de larmes, mais il excite plus de transport... Mais, ajoute-
» t-il, les nombreux défauts de l'un et la perfection con-
» tinue de l'autre, mettent un grand poids dans la balance.
» Si Corneille, au lieu de placer si souvent le raisonnement
» à la place du sentiment, avait soutenu dans les détails
» de ses pièces le degré d'émotion dont elles étaient sus-
» ceptibles, s'il eût travaillé davantage ses vers, peut-être
» serait-il assez difficile de décider entre le genre de ses
» sujets et celui des pièces de Racine. Mais l'un refroidit
» souvent le spectateur après l'avoir transporté, l'autre
» l'émeut et l'intéresse toujours; l'un s'adresse souvent à
» l'esprit, l'autre va toujours au cœur; l'un blesse souvent
» l'oreille et le goût, l'autre flatte sans cesse tous les deux;
» et comme on ne peut douter que le besoin général des
» hommes rassemblés au théâtre ne soit celui de l'émotion
» continuelle, il faut bien en conclure que le genre de
» tragédie qui satisfait le plus ce besoin est aussi le plus
» théâtral. Quelle en est la raison? c'est que le genre de
» ses beautés les frappe davantage, et laisse en eux l'idée
» d'un homme plus extraordinaire. »

Les talents de Corneille et sa grande célébrité ne contribuèrent pas à l'enrichir. Il vécut dans une médiocrité qui
approchait quelquefois de l'indigence, comme on voit par
une lettre de 1679, trouvée dans des papiers de famille,

et publiée dans le *Journal de Paris*, 22 janvier 1788.
« J'ay veu hier M. Corneille, notre parent et amy. Il se
» porte assez bien pour son asge. Il m'a pryé de vous faire
» ses amitiez. Nous sommes sortys ensemble après le disner,
» et en passant par la rue de la Parcheminerye, il est en-
» tré dans une boutique pour faire accomoder sa chaussure
» qui était décousuë. Il s'est assis sur une planche et moi
» auprez de lui, et lorsque l'ouvrier eust refait, il lui a
» donné trois pièces qu'il anoit dans sa poche. Lorsque
» nous fusmes rentrez, je lui ai offert ma bourse, mais il
» n'a point voulu la recevoir ni la partager. J'ay pleuré
» qu'un si grand génie fust réduit à cet excez de misère. »

CUVIER,

Naturaliste.

George-Chrétien-Frédéric-Dagobert Cuvier naquit le 23
août 1769, à Montbéliar, alors chef-lieu d'une principauté
appartenant aux ducs de Wurtemberg, de parents qui n'é-
taient rien moins que dans l'aisance; et, comme tant
d'hommes éminents dont il nous a tracé l'histoire, il fut
obligé de lutter dans sa jeunesse contre l'infortune

Son père, après quarante ans de services distingués dans
un régiment suisse à la solde de la France, n'avait pour
soutenir sa famille qu'une modique pension de retraite, et
le jeune Cuvier se vit obligé, pour ne pas être à charge à
ses parents, d'accepter, à l'âge de 19 ans, aussitôt après
avoir achevé ses études, le modeste emploi de précepteur
dans une ancienne famille de Normandie. Cette résolution,
que ceux de ses amis qui savaient apprécier son génie nais-
sant considéraient comme déplorable, fut cependant l'origine de sa fortune. C'est ainsi qu'à notre insu le destin

nous conduit souvent au succès par le chemin qui semblait devoir nous en éloigner le plus.

D'une rare aptitude à tous les travaux de l'esprit, Cuvier montra de bonne heure un goût très prononcé pour l'histoire naturelle et pour le dessin, que dès son enfance il regarda et qu'il a toujours considéré depuis comme le moyen le plus sûr de faciliter l'étude de cette science. Un Buffon étant tombé entre ses mains, il le lut avec avidité, et ne prit aucun repos qu'il n'en eût copié toutes les figures pour les enluminer d'après les descriptions.

Ce goût se fortifia à l'Académie de Stutgard, où, sur le récit de ses brillantes dispositions, le duc Charles de Wurtemberg l'avait spontanément placé. Tout en étudiant dans cette célèbre institution la philosophie, les mathématiques, le droit et les sciences administratives, il suivit ardemment les cours d'histoire naturelle et se livra pendant ses promenades à la formation d'un herbier et d'une collection d'insectes. Ses entretiens avec ses condisciples, et particulièrement avec M. Kielmeyer, le père de la philosophie de la nature, contribuèrent également aux rapides progrès qu'il fit dans toutes les branches de l'histoire naturelle.

Arrivé en Normandie dans l'année 1788, il s'attacha d'abord à l'étude des animaux de la classe des vers, de Linnée; mais ce besoin de classer les faits, qui paraissait entraîner irrésistiblement son esprit, lui fit bientôt sentir qu'il était impossible d'assigner aucun caractère commun à ces animaux, et qu'il restait un vide à remplir en zoologie.

De 1788 à 1795 il entretint de nombreuses correspondances scientifiques avec les Millin, les Lacépède et les Geoffroy-Saint-Hilaire; enfin cette dernière année, 1795, cédant aux instances de ces savants, il vint à Paris.

La lecture que fit alors Cuvier, au sein des sociétés philomatique et d'histoire naturelle, de divers mémoires sur l'anatomie des mollusques, des insectes et des zoophytes, et celle d'un aperçu sur la formation et l'usage des méthodes en histoire naturelle, le placèrent dès lors au rang des naturalistes les plus distingués, et lui valurent d'être nommé membre de la société des arts, puis professeur à l'école centrale du Panthéon, et bientôt après membre de l'Institut, et suppléant au professeur d'anatomie comparée au muséum d'histoire naturelle.

Une fois au centre d'un vaste établissement, et disposant des animaux d'une grande ménagerie, son génie prit un essor proportionné à ses moyens d'investigation.

En 1796, il fait connaître sa belle découverte de la circulation et de la coloration en rouge du sang de la sangsue et d'autres annélides.

En 1797, il publie son célèbre mémoire sur la nutrition des insectes, où il établit d'une manière si logique le mode de respiration par trachées, et d'absorption par imbibition, que nécessite leur défaut de circulation, mémoire qui a servi de base à la séparation faite plus tard de ces animaux d'avec les autres articulés.

Tout en se livrant à de tels travaux il réunit en peu de temps une collection nombreuse de matériaux qui plus tard le mirent en état de poser les fondements de l'anatomie comparée, de faire la découverte d'une zoologie ancienne, et d'apporter la réforme dans le règne animal tout entier.

Dans ses ouvrages, partant de ces principes vulgaires aujourd'hui grâce à la persévérance qu'il a mise à les répandre soit dans ses écrits, soit dans ses leçons orales, et grâce à l'influence que ses idées ont acquise, que l'histoire naturelle d'un être est la connaissance de tous les rapports, de toutes les propriétés de cet être, et que toute son organisation doit servir à lui assigner une place dans un arrangement méthodique, il en conclut que l'anatomie et la physiologie doivent servir de base à la géologie, et que le fait de l'organisation le plus général, le plus constant, doit déterminer les grandes divisions; et les faits moins généraux et plus variables les divisions secondaires. Il établit ainsi une subordination de caractères et de coupes, qui doit et peut seule être le principe d'une méthode naturelle, c'est-à-dire d'une manière d'ordonner les êtres de telle sorte, que la place occupée par chacun d'eux donne une idée générale de son organisation et des rapports qui les lient avec tous les autres ; méthode qu'il regardait comme la science elle-même réduite à sa simple expression.

L'examen de la division des ordres, des familles et des genres, de l'établissement et de la critique des espèces, serait un travail trop long pour les bornes qui nous sont prescrites, pour donner une idée du vaste génie de Cuvier. Qu'il nous suffise de rappeler et ses immortelles leçons d'anatomie comparée, et ses recherches sur les ossements fossiles ; le livre qui contient ces profondes recherches est devenu, comme son anatomie comparée, comme son anatomie des mollusques, classique dès son apparition, et nous pensons qu'il le restera aussi longtemps que l'homme cherchera des jouissances dans l'étude de la nature, et qu'il portera ses méditations sur les questions que cette étude fait naître. Il sera toujours un modèle de critique et d'analyse rigoureuse, un exemple parfait de ce talent qui consiste à dire en peu de mots tout ce qu'il importe de connaître ; art de résumer que l'on ne possède qu'avec une connaissance étendue des choses, et que Cuvier montre partout au plus haut degré. Rien d'oiseux en effet dans ses ouvrages, point de digressions hors des limites de son sujet, et cependant point de sécheresse, point d'omissions.

Le talent de Cuvier jeta dans le monde un trop vif éclat pour ne point procurer à son possesseur une position sociale brillante ; cette position, nous devons la mettre devant les yeux de nos jeunes lecteurs, car c'est un exemple de plus offert à la jeunesse pour l'exciter au travail et pour l'engager à ne point se laisser vaincre par le découragement.

De suppléant, Cuvier devint professeur au Muséum

d'histoire naturelle, et successivement professeur au collége de France, membre de l'Institut, l'un de ses premiers
secrétaires annuels, et son secrétaire perpétuel, inspecteur
des études, conseiller de l'Université impériale, maître des
requêtes, conseiller d'Etat, grand-officier de la Légion-
d'Honneur, l'un des quarante de l'Académie française,
membre honoraire de l'Académie des Inscriptions, membre de toutes les sociétés savantes du monde, enfin pair
de France.

Cuvier fut aussi créé baron par Louis XVIII, par ce roi
homme de lettres, appréciateur éclairé du vrai mérite
qu'il aimait à récompenser en roi.

La profondeur et l'étendue des connaissances de Cuvier,
la faculté avec laquelle il pouvait passer d'un sujet à un
autre, la vaste érudition qu'il montre dans ses ouvrages,
la philosophie péripatéticienne qu'il professait, l'ont fait
comparer depuis longtemps à Aristote. La longueur égale
de la vie de ces deux grands naturalistes, morts tous deux
à l'âge de 63 ans, établit malheureusement pour les sciences un nouveau rapport entre eux; et sans les événements
de 1814, la similitude eût été plus complète encore, car
Napoléon désirait vivement que Cuvier voulût bien diriger
l'éducation de son fils. Nul n'a plus que lui réduit à leur
mince valeur la prétendue science de Voltaire et des impies du xviiie siècle. Il a confirmé par l'éclatant témoignage
de la science l'autorité de la Bible.

Né avec des nerfs facilement irritables, Cuvier avait par-
fois des impatiences assez vives; mais il oubliait promptement la cause qui les avait fait naître, et cherchait à les
faire oublier par quelques paroles affectueuses. Le 15 mai
1832, après cinq jours de maladie, il expirait avec une
tranquillité d'âme parfaite, et au milieu des consolations de
la foi

DAGUESSEAU,

Chancelier de France,

Naquit le 27 novembre 1668. Henri-François Daguesseau est devenu l'une des gloires de la France. Sa jeunesse fut, ainsi que celle des grands hommes, formée par les soins paternels. Reçu avocat-général le 12 janvier 1689, il parut avec tant d'éclat dans cette place, que le célèbre Ducis Talon, alors président à mortier, ne put s'empêcher de dire : « Qu'il voudrait finir comme ce jeune homme commençait. »

Le 19 novembre 1700, le jeune Daguesseau succéda à M. de la Briffe dans la charge de procureur-général. Chargé par la loi de poursuivre les criminels, il regardait néanmoins la condamnation d'un citoyen comme une calamité publique. Une remarque à faire, et qui est l'éloge de sa vigilance et de son humanité, c'est que pendant tout le temps qu'il demeura procureur-général, les exécutions furent extrêmement rares.

Sous Daguesseau, le pauvre connut avec étonnement qu'il était au rang des hommes. En effet, de toutes les fonctions attachées à la charge de procureur-général, celle qui lui devint la plus chère fut d'être par état le protecteur des faibles et des malheureux.

En 1717, à la mort du chancelier Voisin, le duc d'Orléans confia à Daguesseau cette charge de chancelier qu'il n'avait aucunement sollicitée; cette charge, la première du royaume, que l'opinion publique lui avait décernée.

Dans ce nouveau poste, Daguesseau se montra non-seulement l'interprète des lois le plus éclairé, le magistrat le plus attentif à les faire observer, mais encore le plus sage législateur. Les ordonnances sur les dotations, sur les testaments, les substitutions, la poursuite des faux, les évocations et les règlements de juges, sont dus à ses soins vigilants.

Daguesseau supporta avec la dignité de l'homme de bien les disgrâces qui l'accablèrent. La première fois qu'on l'obligea de remettre les sceaux, il dit avec tranquillité : « Je ne méritais pas l'honneur que M. le régent m'a fait en me les donnant ; mais je mérite encore moins l'affront qu'il me fait en me les ôtant. »

Les sceaux lui furent rendus en 1737, et il les conserva jusqu'au 28 novembre 1750, jour où il se démit de ses dignités. En remettant les sceaux, il fit entendre ces nobles paroles : « La Providence m'a ordonné de les garder tant que j'ai pu en remplir les devoirs ; ne le pouvant plus, elle m'oblige de les quitter. »

Daguesseau avait pour maxime que le changement d'occupation est seul un délassement ; aussi les plaisirs frivoles lui furent-ils à peu près étrangers. Quand il était fatigué des affaires, on le voyait souvent prendre un livre de géométrie ou d'algèbre, et appeler ainsi l'étude à son aide pour se distraire.

Cet homme illustre conserva toujours pour la poésie une sorte de prédilection. La lecture des anciens poètes avait été une passion de sa jeunesse. Un jour il lisait un poète grec avec Boivin, si connu par sa vaste érudition. « Hâtons-nous, lui dit-il soudain ; si nous allions mourir avant de l'avoir achevé ! » Daguesseau était doué d'une mémoire prodigieuse ; à l'âge de 81 ans, un homme de lettres ayant cité devant lui peu exactement une épigramme de Martial, il en rétablit le texte, en avouant qu'il n'avait pas lu cet auteur depuis l'âge de douze ans. Il mourut le 9 février 1751.

On peut dire de Daguesseau qu'il pensait en philosophe et parlait en orateur, ajoutant qu'il était pour lui-même le censeur le plus rigide de ses ouvrages, et que l'idée qu'il s'était formée du beau était si parfaite, qu'il ne croyait jamais en avoir approché. Les instructions qu'il adressait à son fils doivent être entre les mains de tout homme sérieux et chrétien.

Limoges, sa patrie, vient de glorifier sa mémoire par une belle plaque en bronze fixée sur la maison qui le vit naître, rue Consulat.

DESCARTES,

Mathématicien et philosop

Naquit le 30 mars 1596. Descartes, disait l'abbé Terrasson, en amenant la raison, a perfectionné l'humanité et la douceur des mœurs. Ce philosophe a enseigné dignement, parce qu'il a dit à ses disciples : « Rentrez en vousmêmes et consultez-y la raison ; et à l'égard du phénomène de la nature, ayez recours à l'observation et à l'expérience ; en un mot, je ne présume pas être votre maître, je ne veux être que votre guide. »

René Descartes, fils d'un conseiller au parlement de Bretagne, naquit à La Haye, en Touraine. Elevé au collège de la Flèche, il fit dans ses études des progrès qui annoncèrent son génie ; il n'avait pas encore huit ans que déjà on l'appelait le philosophe.

D'une santé très faible, le jeune Descartes avait obtenu la permission de passer une partie de ses matinées au lit. Il employait ce temps à réfléchir profondément sur les objets de ses études ; et il en contracta ainsi, pour le reste de sa vie, cette habitude de la réflexion. Le temps où le sommeil a réparé les forces, où les sens sont calmes, où l'ombre et le demi-jour favorisent la rêverie, et où l'âme ne s'est point encore répandue sur les objets qui sont hors d'elle, lui paraissait le plus propre à la pensée. Aussi, plus tard, ce fut dans ses matinées qu'il fit la plupart de ses découvertes, qu'il arrangea ses mondes.

Descartes termina ses études de philosophie vers 1612. Il porta alors les armes, en qualité de volontaire, au siége de la Rochelle, et, en Hollande, sous le prince Maurice. Son dessein n'était point de devenir grand guerrier; il ne voulait être que spectateur des rôles qui se jouent sur le grand théâtre de la guerre et étudier seulement les mœurs des hommes qui y paraissent. Ce qui était attrayant pour lui, c'étaient la liberté, la philosophie et la géométrie. Étant au service de la Hollande, en 1617, un inconnu fit afficher dans les rues de Breda un problème à résoudre. Descartes, voyant un grand concours de passants s'arrêter pour lire, s'approche; mais l'affiche était en flamand, et il n'entendait pas ce dialecte. Il pria donc un homme qui se trouvait près de lui de lui expliquer le sens de l'affiche. Le hasard voulut que celui auquel il s'adressait fût un mathématicien, nommé Bukman, principal du collège de Dordrecht. Le principal, homme grave, voyant un petit officier en habit d'uniforme, crut qu'un problème de géométrie n'était pas fort intéressant pour lui; et pour le plaisanter, lui offrit de lui expliquer l'affiche, mais sous la condition expresse qu'il résoudrait le problème. Descartes accepta cette espèce de défi, et le lendemain matin le problème était résolu. Bukman fort étonné entra en conversation avec le jeune Œdipe, et il se trouva que le militaire en savait sur la géométrie beaucoup plus que le vieux professeur de mathématiques.

Descartes quitta la profession des armes, et ce philosophe, qui ne voulait avoir, disait-il, d'autre livre que le monde, se mit à voyager, à l'exemple des Thalès, de Solon et des Pythagore. Lorsqu'il passait par la mer d'Embden, dans la Westfrise, il pensa périr dans ce trajet. Il était seul avec un domestique parmi des matelots maîtres du vaisseau et de son sort, qui joignaient la scélé-

...atesse à une rusticité barbare. Descartes observait, méditait, parlait peu, seulement à son domestique, et en français. Les matelots de leur côté l'observaient aussi; et malheureusement ils le croyaient riche; ils projetèrent donc de le tuer, de le voler et de le jeter à la mer, persuadés que personne ne réclamerait un étranger inconnu; ils tenaient même conseil devant lui, croyant qu'il ignorait la langue du pays. L'air de sécurité qui brillait sur son visage pendant leur entretien confirmait leur erreur. Tout-à-coup cet air change; Descartes fond sur eux l'épée à la main, terrible, menaçant, armé de toute la supériorité du courage et de la vertu sur la bassesse et le crime. Les matelots surpris, effrayés, condamnés par leur propre cœur, se croient foudroyés par un Dieu qui lit dans les âmes et qui punit les pensées coupables; il oublient l'avantage du nombre, du lieu et du moment; ils retournent en tremblant au gouvernail et à la manœuvre, ils rampent, ils obéissent, et Descartes, toujours en leur pouvoir, leur fait grâce.

Après avoir passé dix ou douze années à observer tous les états, Descartes finit par n'en choisir aucun. De retour en France, vers 1648, il reprit son amour pour la solitude; car la vie du monde qu'il avait quitté ne lui causait qu'ennui et dégoût. Dans la retraite, tout entier à lui-même, Descartes s'était occupé sans relâche à composer ces ouvrages immortels qui le placent en première ligne non-seulement parmi les grands hommes de son temps, mais parmi ceux de tous les siècles. Sa *Géométrie* parut en 1637, avec le *Traité de la Méthode*, le *Traité des Météores* et sa *Dioptrique*. Ces quatre traités réunis forment ensemble ses essais de philosophie. Sa géométrie était si fort au-dessus de son siècle, qu'il n'y avait alors que très peu d'hommes en état de l'entendre.

Malgré les soins qu'il avait pris de vivre dans la retraite la plus profonde, Descartes ne put éviter le sort commun à tous les grands hommes. La supériorité de son génie, la

nature des sujets qu'il traitait et la vive sensation que ses
ouvrages produisaient sur tous les esprits, ne pouvaient
manquer d'armer contre son repos des critiques très pas-
sionnées. Nous n'avons pas à examiner si réellement sa
méthode pour arriver à la connaissance de la vérité n'était
pas défectueuse et dangereuse, nous n'envisageons et ne
glorifions ici que ses intentions vraiment bonnes et chrétiennes.

Cependant, au milieu de ses chagrins, Descartes eut du
moins la consolation de se voir apprécié à sa juste valeur
par les plus grands personnages de son temps. Deux femmes
célèbres, Elisabeth de Bohême et Christine de Suède,
eurent surtout pour lui une affection particulière. En 1049,
la fille de Gustave-Adolphe lui fit de si vives instances
pour l'engager à venir à Stockolm, que le philosophe,
après avoir longtemps hésité, céda aux prières de Christine, en obtenant d'elle la promesse d'être affranchi du vain
cérémonial des cours. Mais à son arrivée en Suède, sa
constitution débile ne tarda pas à souffrir des rigueurs du
climat. Il y était à peine depuis quatre mois qu'il fut attaqué de la maladie dont il mourut. Le tendre intérêt que
lui témoignèrent la reine et tous ceux qui l'entouraient
vinrent adoucir ses derniers moments; mais tous leurs
soins furent inutiles : ses forces s'épuisèrent par degrés, et
il s'éteignit le 11 février 1650, âgé de 54 ans.

Seize ans après, ses restes furent transportés en France
et déposés dans l'église de Sainte-Geneviève, à Paris. Sa
statue est l'une des quatre qui ornent l'enceinte de la salle
de l'Institut où l'Académie française tient ses séances so-
lennelles.

DUGAY-TROUIN (René),

Lieutenant-général des armées navales de France, commandeur de l'ordre royal et militaire de Saint-Louis, et l'un des plus grands hommes de mer de son siècle, naquit à Saint-Malo le 10 juin 1673. Son père était un riche négociant de cette ville et un habile marin. Le jeune Dugay-Trouin fit sa première campagne en 1689. En 1694 il fit une descente dans la rivière de Lymerick, où il prit un brûlot, trois bâtiments, et enleva deux vaisseaux anglais, qu'il attaqua avec une frégate dont le roi lui avait confié le commandement; mais quelque temps après il fut pris et mené à Plymouth.

Sa prison ne fut pas longue. Peu de jours après son retour, il alla croiser sur les côtes d'Angleterre, où il prit deux vaisseaux de guerre. Louis XIV, charmé de cette action, lui envoya une épée.

Après quelques autres prises il rencontra, en 1696, le baron de Wasenaër, depuis vice-amiral de Hollande, escortant une flotte marchande avec trois vaisseaux, le combattit et enleva le vaisseau qu'il commandait, avec une partie de la flotte. En suite de ce combat, il passe, en 1697, de la marine marchande à la marine royale.

La guerre pour la succession d'Espagne s'étant allumée, il continua à faire des prises. Il joignit, en 1707, quatre vaisseaux qu'il commandait à une escadre du roi armée à Dunkerque, qui enleva une flotte anglaise escortée de cinq vaisseaux de guerre. Le roi récompensa ses exploits par des lettres de noblesse, dans lesquelles il est dit « qu'il « avait pris plus de 300 navires marchands et 20 vaisseaux « de guerre. »

De toutes ses expéditions, la plus connue est la prise de Rio-Janeiro, une des plus riches colonies du Brésil, en 1711. En onze jours il fut maître de la place et de tous les forts qui l'environnaient : la perte des Portugais fut de plus de 25 millions.

Après la mort de Louis XIV, le duc d'Orléans, qui s'intéressait à la compagnie des Indes, crut ne pouvoir mieux en assurer le succès qu'en se réglant par les avis de Dugay-Trouin. Il lui accorda une place honorable dans le conseil de cette compagnie. Le guerrier donna de très bons conseils au prince, tant sur l'administration générale que sur le détail qu'il ne faut jamais négliger.

Louis XV, instruit des services de Dugay-Trouin, le fit, en 1728, commandeur de l'ordre de Saint-Louis et lieutenant-général. Il lui confia, en 1731, le commandement d'une escadre destinée à soutenir l'éclat de la nation française dans le Levant et dans toute la Méditerranée. Dugay-Trouin vint terminer sa carrière à Paris en 1736.

DUGUESCLIN (Bertrand),

Connétable de France,

Né vers l'an 1311, au château de la Motte-Broon, à six lieues de Rennes, s'est immortalisé par une valeur héroïque accompagnée d'une prudence consommée. Ses parents négligèrent extrêmement son éducation ; il ne sut jamais ni lire ni écrire, à l'exemple de presque tous les nobles de son temps. Dès sa plus tendre enfance, il ne respirait que les combats. *Il n'y a pas de plus mauvais garçon au monde,* disait sa mère ; *il est toujours blessé, le visage déchiré, toujours battant ou battu.* On l'a dépeint d'une taille forte et épaisse, les épaules larges, les bras nerveux.

Ses yeux étaient petits, mais vifs et pleins de feu. Sa physionomie n'avait rien d'agréable. *Je suis fort laid*, disait-il étant jeune, *jamais je ne serai bienvenu des salons ; mais du moins je saurai me faire craindre des ennemis de mon roi.* Il ne dut sa fortune qu'à son génie.

Dès l'âge de 17 ans, il reçut le prix dans un tournoi donné à Rennes. Il y était allé inconnu, et contre la volonté de son père, après avoir emprunté le cheval d'un meunier. Depuis il ne cessa de porter les armes, et toujours avec succès. Après la funeste journée de Poitiers, en 1356, pendant la captivité du roi Jean, il vint au secours de Charles, fils aîné de ce prince, et régent du royaume. Melun se rendit, la rivière de Seine fut libre, plusieurs places se soumirent.

Charles V ayant succédé à son père, en 1364, récompensa ses services comme ils le méritaient, et n'en fut que mieux servi. Duguesclin ayant porté du secours à Henri, comte de Transtamare, qui avait pris le titre de roi de Castille, contre Pierre le Cruel, possesseur de ce royaume, fit diverses conquêtes sur ce prince, lui ravit la couronne et l'assura à Henri. Ce monarque lui donna cent mille écus d'or, avec le titre de connétable de Castille. Bertrand retourna bientôt en France pour défendre sa patrie contre l'Angleterre. Les Anglais, auparavant victorieux dans tous les combats, furent battus partout. Duguesclin, devenu connétable de France, tomba dans le Maine et dans l'Anjou sur les quartiers des troupes anglaises, les défit toutes les unes après les autres, et prit de sa main leur général Grandson. Il rangea le Poitou et la Saintonge sous l'obéissance de la France. Il ne resta aux Anglais que Bordeaux, Calais, Cherbourg, Brest et Bayonne.

Le connétable mourut au milieu de ses triomphes, devant Châteauneuf de Randon, en 1380. Il fut enterré à Saint-Denis, auprès du tombeau que Charles V s'était fait préparer. Son corps fut porté avec les mêmes cérémonies que ceux des souverains. En disant adieu aux vieux capitaines qui l'avaient suivi depuis quarante ans, Duguesclin les pria *de ne point oublier ce qu'il leur avait dit mille fois, qu'en quelque pays qu'ils fissent la guerre, les gens d'église, les femmes, les enfants et le pauvre peuple n'étaient point leurs ennemis.*

DUMONT-D'URVILLE,

Amiral.

Le capitaine d'Urville poursuivit avec ardeur la découverte des traces de l'infortuné La Pérouse. Ce ne fut que vers la fin de décembre 1827 qu'il eut connaissance, à Hobart-Town, des découvertes du capitaine anglais Dillon. Mais les récits qu'on en faisait étaient tellement vagues et incertains qu'il ne savait quel parti prendre. Il parvint, le 10 février 1828, en vue de Tucopia. Dans l'une des pirogues qui accostèrent *l'Astrolabe* se trouvait Martin Bushart, qui dissipa toutes les incertitudes de M. d'Urville. Il promit d'abord d'accompagner les Français à Vanikoro; il refusa ensuite de tenir sa promesse, et le capitaine fut réduit à emmener avec lui, pour le guider, deux Anglais qui habitaient Tucopia depuis neuf mois seulement, et parlaient un peu la langue de ces naturels.

L'Astrolabe jeta l'ancre le 21. Le premier soin du capitaine fut de chercher à se concilier les naturels; mais il les trouva mal disposés et fort prévenus contre les Français, qu'ils savaient être les compatriotes des naufragés, et dont ils redoutaient la vengeance. Ils se renfermaient dans un système absolu de dénégation, ou ne faisaient que des réponses évasives. Cependant, quand ils virent que les intentions de leurs hôtes n'étaient point hostiles, quelques-uns finirent par se montrer plus communicatifs, et racontèrent tout ce qu'ils surent du naufrage. Voici la version que donne M. d'Urville comme la plus vraisemblable qu'il ait pu adopter en analysant et discutant les différents récits :

« Tout nous porte à croire que La Pérouse, après avoir visité les îles des Amis, et terminé sa reconnaissance de la Nouvelle-Calédonie, avait remis le cap au nord, et se dirigeait sur Santa-Cruz, comme le lui prescrivaient ses instructions, et comme il nous l'apprend lui-même par son dernier rapport au ministre de la marine. En approchant de ces îles, il crut sans doute pouvoir continuer sa route pendant la nuit, comme cela lui était souvent arrivé, lorsqu'il tomba inopinément sur ces terribles récifs de Vanikoro, dont l'existence était entièrement ignorée. Probablement la frégate qui marchait en avant (et les objets rapportés par Dillon ont donné lieu de penser que c'était *la Boussole* elle-même) donna sur les brisants sans pouvoir se relever, tandis que l'autre eut le temps de revenir au vent et de reprendre le large ; mais l'affreuse idée de laisser leurs compagnons de voyage, leur chef peut-être, à la merci d'un peuple barbare, ne dut pas permettre à ceux qui avaient échappé à ce premier péril de s'écarter de cette île funeste, et ils durent tout tenter pour arracher leurs compatriotes au sort qui les menaçait. Ce fut là, nous n'en doutons point, la cause de la perte du second navire.

» Bien qu'aucun document positif et direct n'ait démontré que ces débris ont réellement appartenu à l'expédition de La Pérouse, je ne pense pas qu'il reste à cet égard la moindre incertitude. En effet, les renseignements que j'ai recueillis des naturels sont parfaitement conformes, sous les rapports essentiels, à ceux que se procura M. Dillon, et cela sans que nous ayons pu être influencés l'un par l'autre, attendu que je n'eus connaissance de son rapport, à l'île de France, que deux mois après que j'eus expédié le mien au ministère. Ces dépositions ont donc tous les caractères de l'authenticité ; elles annoncent que deux grands navires périrent, il y a quarante ans environ, sur les récifs de Vanikoro ; qu'ils portaient beaucoup de monde. Les naturels se sont même souvenus qu'ils portaient le pavillon blanc. Tout cela, joint aux pièces de canon et aux pierriers apportés, démontre que ces navires étaient des bâtiments de guerre ; et l'on sait positivement que, longtemps avant, comme après cette époque, nul autre navire de guerre n'a péri dans ces mers que les frégates de La Pérouse. En outre la nature de quelques-unes des pièces rapportées du naufrage montre qu'elles appartenaient à une mission chargée de travaux extraordinaires. Enfin l'unique morceau de bois rapporté par M. Dillon s'est trouvé coïncider avec les dessins qui ont été conservés des sculptures de la poupe de *la Boussole*. Que de probabilités réunies, qui doivent équivaloir à une certitude complète !... »

M. d'Urville, pensant que les hommes échappés au naufrage avaient dû se diriger vers les îles de Salomon, aurait voulu interroger les récifs de cet archipel et poursuivre jusque-là ses recherches ; mais l'état déplorable de son équipage, dévoré par la fièvre, dut lui faire abandonner ces généreux projets ; il lui fallut songer à quitter au plus tôt ces dangereux parages, et ce n'est qu'avec une peine extrême qu'il parvint à reprendre la mer.

M. d'Urville ne voulut point s'éloigner de cette île funeste sans y laisser un monument qui rappelât à la fois et la catastrophe dont elle avait été témoin, et le séjour qu'y avait fait l'*Astrolabe*. La proposition qu'il en fit fut accueillie avec le plus grand empressement, et tout ce qu'il y avait d'hommes valides à bord se mit à l'œuvre avec une admirable activité. En quelques jours, un modeste monument s'éleva au milieu d'un bosquet de mangliers, et l'*Astrolabe*, en déployant ses voiles, le salua de toute son artillerie.

Aujourd'hui tout le monde peut voir, dans la première salle du musée de marine, au Louvre, un monument d'un autre genre, devant lequel les visiteurs s'arrêtent avec une sorte de saisissement religieux. C'est une pyramide quadrangulaire à laquelle sont appendus tous les débris rapportés de Vanikoro. Les profondes morsures qu'y a faites la rouille attestent leur long séjour sous l'eau. On y remarque, en autres objets, la cloche qui surmonte le monument. A la face antérieure, sous un globe de verre, est déposée, au milieu de quelques pièces de monnaie, la poignée d'épée qui mit Dillon sur les traces de La Pérouse, et que l'on suppose avoir appartenu à l'infortuné commandant de *la Boussole*.

Nos lecteurs savent comment ce brave navigateur, cet illustre savant, ce noble d'Urville, après avoir échappé à mille périls sur les mers et chez les peuples sauvages, est mort malheureusement, il y a vingt ans, dans les wagons embrasés du chemin de fer de Versailles.

DUQUESNE (Abraham, marquis),

Né en Normandie en 1610, apprit le métier de la guerre sur mer sous son père, capitaine habile. En 1637, il se trouva à l'attaque des îles de Sainte-Marguerite, et l'année d'après il contribua beaucoup à la défaite de l'armée navale d'Espagne devant Cattari. Il se signala devant Tarragone en 1641, devant Barcelone en 1642, et l'an 1643 dans la bataille qui se donna au Cap de Gates contre l'armée espagnole.

L'année suivante, 1644, il alla servir en Suède, où son nom était déjà connu avantageusement. Il y fut fait major de l'armée navale, puis vice-amiral. Il avait ce dernier titre dans la bataille où les Danois furent entièrement défaits, et il aurait fait prisonnier le roi de Danemarck lui-même, si ce prince n'avait été obligé, la veille de la bataille, par suite d'une blessure dangereuse, de sortir du vaisseau qu'il montait.

Duquesne, rappelé en France en 1647, fut destiné à commander l'escadre envoyée à l'expédition de Naples.

Comme la marine de France était fort déchue de son premier lustre, il arma plusieurs navires à ses dépens, en 1650. Ce fut avec sa petite flotte qu'il obligea Bordeaux, révolté contre son roi, à se rendre.

Ce qui a le plus contribué à son éclatante réputation, ce sont les guerres de Sicile. Ce fut là qu'il eut à combattre le grand Ruyter, et qu'il résista dans trois batailles, avec un succès presque égal, aux flottes réunies de Hollande et d'Espagne, le 8 janvier, le 22 avril et le 2 juin 1676. Le général hollandais fut tué dans le second combat. Les vaisseaux de Tripoli, qui étaient en guerre avec la France se retirèrent dans le port de Chio. Duquesne alla les foudroyer avec une escadre de six vaisseaux; et après les avoir tenus bloqués pendant longtemps, il les obligea à demander la paix. Alger et Gênes furent forcés de même à implorer la clémence de Louis XIV.

Duquesne mourut à Paris en 1668, à l'âge de 78 ans.

FÉNELON.

Personne n'aima plus sa patrie que Fénélon ; mais il ne pouvait souffrir qu'on en cherchât les intérêts en violant les droits de l'humanité, ni qu'on l'exaltât en dégradant le mérite des autres peuples. « J'aime mieux ma famille, disait-il, que moi-même ; j'aime mieux ma patrie que ma famille ; mais j'aime encore mieux le genre humain que ma patrie. » Cette devise est celle de tout vrai chrétien.

L'auteur de *Télémaque*, François de Solignac de La Motte Fénelon, naquit au château de Fénelon, en Périgord, d'une famille ancienne et illustre. Il fit ses premières études sous les yeux de son père. Elevé dans la solitude, parmi les modèles de l'antiquité classique, il révéla dès son enfance son goût noble et délicat, en même temps que son heureux génie. Appelé à Paris, près du marquis de Fénelon son oncle, il soutint à quinze ans la même épreuve que Bossuet, et précha devant un auditoire moins célèbre à la vérité que celui de l'hôtel de Rambouillet. Cet éclat d'une réputation prématurée alarma le marquis de Fénelon qui, pour soustraire le jeune apôtre aux séductions du monde et de la gloire, le fit entrer au séminaire de Saint-Sulpice où il reçut les ordres sacrés. Ce fut alors que la ferveur religieuse lui inspira le devoir de se consacrer aux missions du Canada. Traversé dans ce projet par les craintes de sa famille et la faiblesse de son tempérament, il tourna bientôt ses regards vers les missions du Levant, où l'appelait son cœur d'apôtre. Détourné encore une fois de ces missions lointaines, Fénelon se consacra pendant dix années à l'instruction des *nouvelles catholiques*, et composa son *Traité de l'éducation des filles* (1681), chef-d'œuvre de délicatesse et de raison, destiné à la duchesse de Beauvilliers, mère pieuse et sage d'une famille nombreuse.

En 1689, sur la présentation du duc de Beauvilliers, Fénelon fut nommé par Louis XIV précepteur de son petit-fils, le duc de Bourgogne, fils du dauphin. Jamais éducation de roi ne fut remise en des mains plus dignes, jamais on ne vit un concours plus heureux de volontés et d'efforts faire succéder à tous les défauts d'un naturel presque indomptable l'habitude de toutes les vertus. Cette éducation, dont il nous reste d'immortels vestiges dans quelques écrits de Fénelon, était, dit M. Villemain, le chef-d'œuvre du génie se consacrant au bonheur des hommes.

Fénelon, transporté au milieu de la cour et ne s'y livrant qu'à demi, se faisait admirer par les grâces d'un esprit facile et brillant, par les charmes de la plus noble et de la plus éloquente conversation. Il y avait en lui de l'apôtre et du grand seigneur. Cette supériorité personnelle excitait beaucoup plus d'admiration que le petit nombre d'ouvrages sortis alors de sa plume. C'est sous ce rapport qu'il fut loué à l'Académie française (1671). Cet ascendant de vertu, de génie et de grâce, qui excitait dans le cœur des amis de Fénelon une tendresse mêlée d'enthousiasme, échoua toujours cependant contre les préventions de Louis XIV. Ce prince estimait sans doute le précepteur de son petit-fils, mais il n'eut jamais de goût pour lui. Fénelon, à la cour, conserva le désintéressement le plus irréprochable; il y passa cinq années, sans demander, mais aussi sans recevoir aucune grâce. Enfin Louis XIV qui savait récompenser noblement et avec choix, voulut réparer cet oubli, et proposa au pape Fénelon pour archevêque de Cambrai (1694).

Au milieu de cette haute faveur, quelques erreurs qu'il émit contre la foi théologique vinrent troubler le repos dont il jouissait. Avec un goût de spiritualité et un désir ardent d'aimer Dieu pour lui-même, Fénelon s'était lié d'amitié avec madame Guyon, dans laquelle il ne voyait qu'une âme pure éprise du même goût que lui. Les idées mystiques de cette dame excitèrent l'attention des théologiens, et surtout celle de Bossuet. Ce prélat attaqua comme elle le méritait l'*Explication des maximes des saints*, que l'archevêque de Cambrai avait publiée pour rectifier tout ce qu'on pouvait reprocher aux écrits de madame Guyon.

Un bref du pape, du 13 mars 1699, ayant condamné le livre des *Maximes des saints*, de l'archevêque de Cambrai, ce prélat se soumit sans restriction et sans réserve. « Il coûte, sans doute, de s'humilier, disait-il dans une lettre à l'évêque d'Arras; mais la moindre résistance au saint-siège coûterait cent fois plus à mon cœur. »

Il publia un mandement contre son propre livre, et annonça lui-même sa condamnation. Pour donner à son diocèse un monument de son obéissance au Vicaire suprême de Jésus-Christ, il fit faire, pour l'exposition du Saint-Sacrement, un soleil porté par deux anges qui foulaient aux pieds divers livres hérétiques, sur un desquels était écrit le nom du sien.

Un événement impossible à prévoir vint irriter Louis XIV. Le Télémaque, composé depuis plusieurs années, fut alors publié par l'infidélité d'un copiste (1679), supprimé en France, reproduit en Allemagne, et lu avidement dans toute l'Europe, comme une allusion aux fautes du grand roi et aux malheurs de son règne. L'ordre que Fénelon avait reçu de quitter la cour ne fut pas révoqué. On rapporte de la tolérance et de la bienfaisance du digne prélat les traits les plus touchants. Les dernières années de Louis XIV furent si malheureuses, et les environs de Cambrai, sur les frontières du Nord, furent si souvent désolés par tous les fléaux de la guerre, que Fénelon trouva des occasions continuelles d'exercer ses vertus. Parmi les étrangers qui recherchèrent alors ses entretiens, on cite le fameux maréchal Munich et l'infortuné chevalier de Saint-Georges (Jacques III Stuart, le premier prétendant.)

La mort du grand dauphin et le brillant essor que prit alors l'élève de Fénelon consolaient l'auguste exilé de sa disgrâce. Il communiquait, par le duc de Beauvilliers, à son élève, les plans les plus sages d'un gouvernement aussi bon qu'on pouvait le concevoir alors. La mort soudaine du jeune prince (1712) enleva à Fénelon toutes ses espérances. Cet homme si sensible, et qui désirait que « tous les bons amis s'attendissent pour mourir ensemble », perdit à de courts intervalles presque tous ceux qu'il aimait. « Je ne vis plus que d'amitié, écrivait-il, et ce sera l'amitié qui me fera mourir. » En effet, la mort lui ayant enlevé encore son vertueux ami le duc de Beauvilliers, il mourut lui-même quatre mois après, à l'âge de soixante-quatre ans, le 7 janvier 1715.

Fénelon apporta dans la société cette même douceur de mœurs qu'il a montrée dans ses écrits. Elle lui acquit des amis tendres et sincères ; et son attention à faire régner la vérité dans toutes les instructions qu'il donnait aux augustes élèves confiés à ses soins lui mérita l'estime de son siècle. Appelé par la Providence à cultiver la sagesse et l'humanité dans ces jeunes princes, sa plume ingénue peignit dans un roman moral les devoirs des souverains envers leurs sujets, et défendit contre les artifices de la flatterie la cause abandonnée des peuples. Apôtre de la vérité auprès du trône, simple avec le duc de Bourgogne, éloquent avec Bossuet, brillant avec les courtisans, Fénelon fut tout à la fois le saint de la cour et l'homme à la mode. L'esprit nourri de la lecture des auteurs de l'antiquité, il répandit dans son style ces grâces et cette aménité qui le distinguent parmi les plus illustres écrivains de son siècle. Ses mains, ainsi qu'il le disait de Pélisson, faisaient naître les fleurs de tous côtés : tout ce qu'il touchait était embelli.

Nous finirons par ce mot de la reine de Pologne, épouse du roi Stanislas. On agitait devant cette princesse cette question : Qui de Bossuet ou de Fénelon avait rendu de plus grands services à la religion. « *L'un la prouve*, dit cette princesse, *mais l'autre la fait aimer*. » Ce mot était d'une parfaite justesse.

FRANÇOIS DE SALES (SAINT).

François, né l'an 1567, dans le château de Sales, au diocèse de Genève, était fils de François, comte de Sales, et de Françoise de Sionas, tous deux d'une naissance illustre et d'une éminente piété. Il fit ses premières études à Annecy. De là il fut envoyé à Paris, où il étudia la rhétorique, la philosophie et la théologie chez les Jésuites. Dès qu'il y fut arrivé, il eut soin de chercher un homme sage et éclairé pour se mettre sous sa conduite. Il s'attacha par son conseil à l'étude de l'Écriture sainte ; et ce fut pour s'y rendre habile qu'il apprit l'hébreu sous le docteur Génébrad

Il ne connaissait presque dans cette grande ville que l'église et le collége. Comme celle de Saint-Etienne-des-Grès lui paraissait la plus convenable au recueillement avec lequel il priait, elle était aussi celle qu'il fréquentait le plus; ce fut dans ce saint lieu que, prosterné devant une image de la sainte Vierge, il fit cette chaste Mère de Dieu dépositaire de la résolution qu'il prit de garder toute sa vie la continence. Le motif qui l'engagea à cette action fut de se mettre dans une plus étroite obligation d'être continuellement en garde contre tout ce qui pourrait donner atteinte à la pureté de son cœur : le Seigneur répondit à ses espérances.

Son père l'ayant rappelé de Paris après six ans d'étude, l'envoya à Padoue, où était alors la plus fameuse école de droit.

Après avoir achevé ses études et pris le bonnet de docteur, il fut reçu avocat au sénat de Chambéry. Ce fut alors que François, obligé de s'expliquer, déclara à son père la résolution qu'il avait prise de se consacrer au service de Dieu dans l'état ecclésiastique. Le comte et la comtesse de Sales n'y consentirent qu'avec beaucoup de peine, parce qu'il était l'aîné de leurs enfants.

François, après avoir reçu la prêtrise, parut un homme rempli de l'esprit apostolique, et tout brûlant de zèle pour le salut des âmes. Il prêchait rarement dans la ville, où il craignait que l'applaudissement des hommes ne lui enlevât le fruit de ses prédications ; mais il allait dans les villages instruire les gens de la campagne, dont plusieurs vivaient dans une grande ignorance de la religion. Ses grands travaux pour le service de l'Eglise, et la bénédiction que Dieu y répandait, lui attirèrent une nouvelle marque d'estime de son prince : il le fit presser pour la seconde fois d'accepter une charge dans le sénat de Chambéry ; mais François la refusa de nouveau, disant qu'on ne connaissait pas l'étendue du ministère ecclésiastique si l'on croyait qu'il n'eût pas de quoi occuper un homme tout entier.

Le duc de Savoie, après être rentré en possession du duché de Chablais et de quelques autres pays, pensa à faire instruire dans la religion catholique les peuples de ces cantons, que l'hérésie avait entièrement infectés. Tout le monde fut effrayé à la vue des fatigues et des périls d'une telle mission ; mais François s'offrit de l'entreprendre, avec un chanoine de ses parents, nommé Louis de Sales, le seul qui se présenta pour l'accompagner. Lorsqu'il fut près d'entrer dans le Chablais, il se jeta à genoux, et fit sa prière à Dieu avec beaucoup de larmes ; puis il dit à Louis de Sales, en l'embrassant tendrement : « Nous entrons dans ce pays pour y faire la fonction des apôtres. Si nous voulons y réussir, il faut les imiter. Renvoyons nos chevaux, marchons à pied, et contentons-nous comme eux du nécessaire. » Ils le firent, et depuis ce moment, François, suivi d'un seul domestique, et ayant pour tout équipage un sac où il y avait une Bible et un un Bréviaire qu'il portait assez souvent lui-même, marchait à pied, un bâton à la main, dans un pays où les chemins étaient très rudes. Il y essuya dans l'exercice de son ministère des fatigues, des contradictions et des persécutions incroyables. Le ciel couronna sa douceur et sa persévérance ; les hérétiques les plus aveuglés et les plus endurcis se laissèrent enfin gagner, et revinrent à l'Eglise.

L'évêque de Genève, touché de ces progrès qu'on n'avait pas osé espérer, résolut de demander François pour son coadjuteur, et lui communiqua son dessein lorsqu'il vint à Annecy pour lui rendre compte de sa mission. Le saint prêtre, qui connaissait mieux que jamais l'étendue les devoirs et la grandeur des dangers de l'épiscopat, ne put se résoudre à l'accepter, malgré les vives instances que lui en fit son évêque : il fallut user d'autorité pour l'y contraindre. Le prélat ayant obtenu du duc de Savoie le brevet de coadjutorerie pour François, le lui envoya par un ecclésiastique qui lui commanda de sa part de l'accepter sous peine de désobéissance. A ces mots, se trouvant comme accablé du poids de l'autorité de l'Eglise et de Jésus-Christ même qu'il respectait dans son évêque, il n'osa plus résister.

Les affaires de la religion l'ayant appelé à la cour de France, Henri IV voulut l'y retenir ; mais François répondit que Dieu l'ayant appelé malgré lui à l'évêché de Genève, il se croyait obligé de suivre sa vocation et de la garder toute sa vie.

François, ayant repris le chemin d'Annecy, apprit la mort de l'évêque de Genève. Il se rendit ensuite en Savoie, et se renferma durant vingt jours dans le château de Sales, pour se préparer à son sacre, qui se fit le 8 décembre, par l'archevêque de Vienne, son métropolitain. Aussitôt après, se regardant dans sa nouvelle dignité comme un homme mort au monde, et obligé plus étroitement que jamais à vivre pour Dieu et pour l'Eglise de Jésus-Christ, il exécuta sans délai le plan qu'il avait dressé, pendant sa retraite, pour sa conduite particulière, pour le règlement de sa maison et le gouvernement de son diocèse.

Quelque occupé qu'il fût aux fonctions apostoliques, il trouva encore le moyen d'instruire les fidèles par ses écrits. Celui qui est le plus connu et le plus à la portée de tout le monde est son *Introduction à la Vie dévote*, dont il eut la consolation de voir de grands fruits avant de mourir.

La charité de François qui donnait tout, jusqu'à ses habits, mettait l'économe de mauvaise humeur, parce qu'il était quelquefois embarrassé de fournir à la dépense de la maison. Il le querellait alors, et le menaçait de le quitter ; mais François lui disait avec sa douceur ordinaire : Vous avez raison, je suis un incorrigible, et, qui pis est, j'ai bien peur de l'être longtemps. Quelquefois il lui montrait son crucifix, et lui disait : Peut-on rien refuser à un Dieu qui s'est mis en cet état pour l'amour de nous ? L'économe le quittait tout confus, et quand il rencontrait les autres domestiques, il leur disait : Notre maître est un saint, mais

Il nous mènera tous à l'hôpital, et il ira lui-même le premier, s'il continue comme il a commencé.

Depuis son retour à Annecy, François continua de travailler à l'œuvre de Dieu avec une nouvelle ardeur; mais sa santé s'affaiblissait peu à peu, et il fut enfin obligé de se décharger sur son coadjuteur des fonctions les plus pénibles, auxquelles sa faiblesse ne lui permettait pas de vaquer.

L'an 1622, il eut ordre du duc de Savoie de se rendre à Avignon, où ce prince avait dessein d'aller saluer le roi Louis XIII. Le saint partit d'Annecy, déjà indisposé, et avec un pressentiment de sa mort prochaine. D'Avignon il alla à Lyon avec le cardinal de Savoie. Il prêcha le jour de Noël. Le jour de saint Jean, après avoir célébré la messe, il tomba dans une faiblesse qui fut suivie d'une apoplexie. Il mourut le lendemain, 28 décembre, âgé de cinquante-cinq ans, dans la vingtième année de son épiscopat. Son corps fut porté à Annecy, et inhumé dans l'église de la Visitation. Son cœur demeura à Lyon, dans le monastère du même ordre. Il fut canonisé l'an 1665, par le pape Alexandre VII. La douceur était la vertu dominante de saint François de Sales. Il disait un jour qu'il avait été trois ans à l'étudier à l'école de Jésus-Christ, et que son cœur ne pouvait se contenter là-dessus.

FRANKLIN,

Physicien et Moraliste

S'il figure dans cette galerie, ce n'est certes pas à cause de ses doctrines philosophiques, religieuses et politiques, mais à cause de sa science et du renom qu'il s'est acquis dans les deux mondes.

Né à Boston, le 17 janvier 1706, dernier fils d'un petit commerçant, Benjamin Franklin fut envoyé à l'école à l'âge de huit ans. A dix ans, il en fut retiré pour aider son père dans la fabrication de chandelles et de savon; puis mis à l'essai chez un coutelier, et de nouveau retiré, cet apprentissage étant trop cher. Le jeune Benjamin aimait la lecture avec passion; la vie des hommes illustres de Plutarque produisit surtout sur lui un effet inimaginable. L'*Essai sur les projets*, par Foë, auteur de *Robinson Crusoé*, et l'*Essai sur les moyens de faire du bien*, par le docteur Mather, influèrent puissamment sur la direction de ses pensées. Placé en apprentissage chez son frère James, imprimeur, il se mit à faire des vers. Les avis de son père, homme de sens, le sauvèrent du danger de devenir un mauvais poète, et lui donnèrent l'idée de se former à bien écrire en prose, tout seul, en prenant pour modèle un volume du *Spectateur* qui lui tomba sous la main, et en consacrant à ce travail une partie de la nuit, le matin avant l'ouvrage, et même le dimanche.

Vers 1721, James Franklin imprima le second journal publié en Amérique. Le jeune apprenti fournit à ce journal plusieurs articles dont il avait soin de placer le manuscrit, le soir, sous la porte de l'imprimerie, en déguisant son écriture. Ces articles anonymes eurent un fort grand succès. Lorsque James eut encouru une condamnation, Benjamin le remplaça. Tout alla bien pendant quelques mois; mais enfin une vive mésintelligence éclata entre les deux frères, et pour un motif puéril. Benjamin partit de Boston, se rendit à Philadelphie, puis à New-York, et se plaça chez un imprimeur de cette ville. En 1724 il partit pour l'Angleterre; mais ne trouvant pas de ressources à Londres, il revint deux ans après à Philadelphie, en qualité de commis du quaker Denham. De cette traversée date le plan de conduite que Franklin s'imposa pour le reste de sa vie, et son habitude de consigner par écrit, jour par jour, le souvenir de tout ce qui le frappait.

En 1730, Franklin épousa miss Read, avec laquelle il 'ouit d'un bonheur constant. En 1732, il publia l'almanach du bonhomme Richard, qui eut un grand succès. Entré sur la scène politique comme secrétaire-général de Pensylvanie, en 1736, et délégué du maitre général des postes de Philadelphie, ce fut lui qui, six ans plus tard, organisa la première compagnie pour éteindre les incendies. Dans cette même année 1732, Franklin inventa des cheminées économiques, et généreusement publia son secret. De 1747 à 1763, il fut toujours élu et réélu membre de l'assemblée. Ses expériences sur l'électricité le conduisirent à l'admirable découverte des paratonnerres. Mêlé aux événements politiques, il se montra toujours excellent citoyen, toujours ami de la vérité et de l'humanité. Il fit à Paris deux voyages, en 1767 et 1769, et fut nommé membre correspondant de l'Académie des sciences. Sa popularité fut immense en France; il lui dut la signature du traité d'union entre la France et les Etats-Unis, traité qui fut signé le 6 février 1778. Habile négociateur, Franklin seconda puissamment les efforts de ses compatriotes et des Français; et, le 3 septembre 1782, l'Angleterre reconnut l'indépendance des Etats-Unis.

Pour remercier la reine Antoinette de la bonté avec laquelle elle l'avait accueilli, Franklin construisit pour cette princesse le premier *harmonica* qui ait paru en France. On conserve ce monument historique auquel se rattache un si grand souvenir.

Malade, et âgé de soixante-dix ans, Franklin sentit le besoin de revoir son pays et d'y aller mourir. Il fut transporté de Passy, près Paris, au Hâvre, dans une litière de la reine. Son arrivée à Philadelphie fut le premier de ces triomphes dont on ne devait trouver d'exemples que dans ces contrées. Malgré le mal qui le consumait, il ne cessa d'écrire, et ses écrits n'avaient d'autre but que d'engager ses concitoyens à la concorde. Son dernier factum fut contre la traite des nègres.

Il mourut le 17 avril 1790. Le congrès ordonna un deuil de deux mois dans tous les États de l'Union, et l'assemblée nationale, sur la motion de Mirabeau, appuyée par MM. de Larochefoucauld et Lafayette, porta pendant trois jours le deuil de Franklin. Comme nous l'avons dit, c'est surtout aux philosophes triomphant alors qu'il a dû la plus grande partie de sa célébrité. Voici l'épitaphe qu'il écrivit lui-même, en 1778 ; elle ne prouve guère l'élévation de ses pensées et de ses sentiments :

LE CORPS

DE

BENJAMIN FRANKLIN,

IMPRIMEUR,

SEMBLABLE A LA COUVERTURE D'UN VIEUX

LIVRE

PRIVÉ DE SON CONTENU

ET DÉPOUILLÉ DE SON TITRE

ET DE SES DORURES,

REPOSE ICI, PATURE POUR LES VERS ;

MAIS

L'OUVRAGE NE SERA PAS PERDU

CAR (ainsi que lui-même le croyait)

IL REPARAITRA

DANS UNE NOUVELLE

ET PLUS ÉLÉGANTE ÉDITION

REVUE ET CORRIGÉE

PAR

L'AUTEUR.

FULTON ,

Physicien et Mécanicien.

Nous devons à des Américains les deux plus belles découvertes des temps modernes : à Franklin le paratonnerre, à Fulton le bateau à vapeur, ce truchement merveilleux qui n'a cessé de rendre indifférents l'un à l'autre chaque peuple de la terre.

Fulton naquit en 1767, dans le comté de Lancastre, en Pensylvanie. Le père de Fulton, comme celui de Franklin, n'était pas riche ; aussi la première éducation de son fils terminée, l'envoya-t-il à Philadelphie pour y apprendre la profession de joailler. Dans cet apprentissage le jeune Fulton montra un goût prononcé pour le dessin ; mais privé de ressources pécuniaires, ses heureuses dispositions eussent été perdues sans doute, si, protégé par un de ses compatriotes, Thomas Turbitt, il n'eût obtenu de ce dernier les moyens nécessaires de passer à Londres étudier la peinture sous le célèbre West, peintre américain.

Fulton travailla sous cet habile maître avec une activité surprenante, et cependant, voyant ses efforts ne point obtenir le résultat qu'il en attendait, il tourna les yeux vers une autre carrière. Le hasard le servit bien. Il venait de faire connaissance avec Rumey, Américain, mécanicien distingué, qui était venu à Londres pour introduire dans la Virginie, son pays natal, la machine à vapeur et plusieurs inventions utiles. Rumey n'eut pas plutôt fait part de ses projets à Fulton, que celui-ci sortit comme d'un profond sommeil. Son génie s'éveilla, et, jetant de côté ses pinceaux rebelles, il ne songea plus qu'à se consacrer tout entier à l'étude d'une science qui lui promettait des récompenses.

Comme il s'occupait de ces pensées, Joël Barlow, le célèbre poète, qui habitait alors Paris, engagea Fulton à venir
dans la capitale de la France pour y établir un panorama.
Cette heureuse application de l'art de la peinture eut un
succès complet. La foule se porta au Panorama, et le résultat de l'entreprise fut pour Fulton un bénéfice considérable qui lui donna les moyens de continuer ses études
mécaniques et de s'y vouer entièrement.

Fulton resta plusieurs années à Paris, lié d'amitié avec
Barlow son co-associé, dont il fit le portrait, et qui lui dédia son poème de *la Colombiade*. De retour aux Etats-Unis,
il fit successivement connaître son moulin à scier et à po-
lir le marbre ; un nouveau système de canaux ; un bateau
pour naviguer sous l'eau ; le *torpédo*, ou moyen de faire
sauter en mer les navires ennemis, inventions toutes in-
génieuses ; mais la découverte qui immortalisera à jamais
le nom de Fulton est celle du *steam-boat*, ou bateau à vapeur, aujourd'hui tellement en usage qu'il serait superflu
d'en faire la description. C'est sur la Seine, à Paris, que
fut faite la première expérience du bateau à vapeur. Le
peu de profondeur de cette rivière et les nombreux détours
qu'elle décrit nuisirent beaucoup à ce premier essai, et
son succès dans l'application parut à plusieurs mécani-
ciens tout-à-fait problématique. Néanmoins Fulton, persé-
vérant comme tous les grands génies, ne se laissa pas
décourager ; il travailla sans relâche à donner à sa machine
tout le perfectionnement qu'elle était susceptible de recevoir, et, après avoir vu de nouveau ses projets rejetés en
France et en Angleterre, il se décida, un peu tard peut-
être, à aller chercher dans sa patrie une justice qu'on lui
refusait ailleurs. Quoi qu'il en soit, les steam-boats furent
reçus avec toute la faveur qu'ils méritent dans un pays
neuf, où les inventions nouvelles et les procédés avantageux trouvent toujours quelques citoyens entreprenants
pour les exécuter aussitôt qu'ils sont conçus. L'on reconnut tout l'avantage qu'on pouvait retirer de pareils navi-

res dans des contrées abondantes en combustibles, couvertes de grands lacs, et coupées d'une infinité de rivières navigables, comme sont les Etats-Unis, et bientôt les steamboats se multiplièrent sur l'Hudson, le Délawarre, l'Ohio, la Susquehannah et le Missouri.

Fulton vit ainsi réussir son entreprise même au-delà de ses espérances; il fut comblé d'éloges par ceux mêmes qui avaient cherché dans la non réussite de ses premiers essais des motifs pour justifier leur opposition. On le nomma immédiatement membre de la société philosophique de Philadelphie et de la société militaire des Etats-Unis; enfin en 1810, le congrès venait de lui accorder une somme de 500 dollars pour le mettre à même de continuer ses expériences du Torpédo, et son vif désir était de s'y livrer avec toute la force de son âge et de son génie, lorsqu'il fut arrêté au milieu de sa carrière par des chagrins qui empoisonnèrent la fin de sa vie, chagrins qui ne tardèrent pas à le conduire au tombeau. Des steam-boats semblables aux siens s'établirent sur les mêmes rivières où il devait avoir le privilége exclusif de cette entreprise. Lésé dans ses intérêts pécuniaires, Fulton eut la douleur bien plus vive encore de s'entendre contester jusqu'à son immortelle découverte, et cette injuste assertion, qui l'affecta vivement, devint la cause première de la maladie inflammatoire à laquelle il succomba le 24 février 1815.

A un grand génie Fulton joignait un noble caractère. Créateur de sa fortune, jamais il n'en fut enivré, et on ne lui reconnut d'autre ambition que d'être utile à ses concitoyens et à l'humanité; enfin, pour achever de faire connaître l'homme dont nous venons d'esquisser la vie, il suffit de citer le passage d'une de ses lettres : « Le perfectionnement des arts utiles suffit à ma fortune et à mes plaisirs. Le président des Etats-Unis n'a pas une place à donner que je voulusse accepter. »

GALILÉE,

Mathématicien et Physicien.

En 1718, les ouvrages de Galilée furent recueillis à Florence en trois volumes in-4°. Plusieurs manuscrits qu'il avait laissés furent brûlés par l'imprudence de sa femme. Galilée peut être mis au nombre des hommes que la nature avait ornés des dons les plus précieux. Aujourd'hui cependant ses ouvrages ne sont consultés qu'à de rares intervalles, et seulement pour l'histoire des sciences, et la raison en est simple : c'est que toutes les vérités utiles qu'ils renferment ont passé dans la circulation ; on en profite comme de la lumière du jour, sans s'occuper de la source d'où elle émane.

Galilée naquit en 1564. Son père, gentilhomme florentin, établi à Pise, excellait dans la musique, et était assez instruit en mathématiques. Dès l'âge le plus tendre on put augurer que Galilée ne serait pas un homme vulgaire ; il réussit dans les études variées qu'il entreprit, ce qui ne l'empêchait point de faire des essais de machines, d'imiter celles qu'il voyait, et d'y ajouter des combinaisons nouvelles. Son père voulait en faire un médecin, et redoutait l'attrait qu'ont les sciences mathématiques pour les esprits tels que celui de son fils ; toutefois il ne put empêcher qu'une partie du temps destiné à Galien ne fût détournée au profit d'Euclide. Enfin le jeune homme obtint la permission de se livrer sans réserve à ses études de prédilection, et la médecine fut abandonnée

En 1599, Galilée devint professeur de mathématiques à l'université de Padoue ; mais il resta peu de temps dans cette ville : ses découvertes étaient déjà assez importantes pour lui avoir suscité des ennemis nombreux parmi ceux qui repoussaient toute innovation dans l'enseignemen t.

A l'époque de son séjour à Padoue, déjà il avait fait connaître la loi d'accélération du mouvement des corp s qui tombent, l'égalité de la vitesse imprimée par la pesan teur à toutes les substances matérielles, et plusieurs autres vérités physiques dont Aristote n'a point parlé.

Les attaques contre le professeur devinrent si violentes, qu'il fut forcé de quitter Pise et de se réfugier à Florence. Des protecteurs généreux vinrent à son secours, ses travaux scientifiques ne furent point ralentis, et bientôt, sous la protection des lois de Venise, Galilée put philosopher avec plus de sécurité. Pour acquitter sa dette envers ses protecteurs et le gouvernement qui l'employait, il inventa et fit construire des machines nouvelles, composa plusieurs traités, imagina le compas de proportion, qu'il nomma *compas militaire*, parce qu'il le destinait particulièrement aux ingénieurs pour lesquels il avait rédigé aussi un traité de fortification.

Sous le gouvernement vénitien, les commissions de professeur, ainsi que les autres emplois, n'étaient que temporaires ; dès que le temps de la commission de Galilée fut expiré, le sénat la renouvela avec une augmentation de traitement. Cette nouvelle marque de confiance fut payée, comme la première, en découvertes d'une haute importance et en productions du génie. Cette époque fut pour le professeur la plus éclatante et la plus heureuse de sa vie : il inventa le télescope et en fit le premier usage ; les phénomènes célestes furent par lui révélés. Les satellites de Jupiter, l'armure de Saturne, la véritable figure des planètes et leur mouvement de rotation autour de leur axe, le mouvement de rotation du soleil, déduit des apparences et du retour périodique de ses taches ; tant de merveilles annoncées coup sur coup frappèrent d'étonnement les ennemis du professeur ; ils eurent besoin de concentrer leurs forces et de chercher des moyens d'attaque plus efficaces que ceux qu'ils avaient employés jusqu'alors. Cependant le temps de la commission de Galilée comme professeur étant expiré, le sénat de Venise ne se borna pas à la renouveler ; elle fut étendue jusqu'à la fin de la vie de l'homme qui s'en acquittait si dignement, et son traitement fut triplé. Ce n'est pas ici le lieu de réfuter les calomnies impies contre l'Eglise à propos de Galilée. L'histoire vraie en a fait justice depuis longtemps ; nul esprit sérieux ne croit aux persécutions de la *cour de Rome*, aux tortures de l'inquisition, au fameux : *E pur si muove*. Si Galilée eût consenti à ne pas faire dire aux livres saints ce qu'ils ne disent pas, s'il eût présenté son système comme provenant de lui seul, on l'aurait parfaitement laissé libre de l'enseigner.

A l'âge de soixante-quatorze ans, Galilée perdit la vue. Enfin, le 9 janvier 1642, une fièvre lente termina sa vie.

GAY-LUSSAC,

Chimiste et Physicien.

Né en 1778, à Saint-Léonard, chef-lieu de canton de la Haute-Vienne, d'une famille honorable dont plusieurs membres existent encore, Gay-Lussac révéla de bonne heure son aptitude aux sciences. Entré à l'école polytechnique, puis à celle des ponts-et-chaussées, il se fit remarquer bientôt du savant Berthollet qui voulut lui-même diriger ses premiers essais.

En 1802, Gay-Lussac débutait par la publication d'un beau travail sur la dilatation des gaz. En 1804, avec Biot d'abord, puis seul, exécutant deux ascensions aérostatiques, il s'éleva à 7,000 mètres, et il fit dans ces régions supérieures des études physiques d'un puissant intérêt. En

1806 il voyageait avec de Humboldt dans le but d'observer
les effets magnétiques. En 1808 il entreprenait, en compagnie du fameux Thénard, au moyen de la pile volcanique,
des recherches sur le *potassium*, le *sodium*, et en 1811 il
publiait ses *Recherches physico-chimiques* d'après les études profondes auxquelles il s'était livré sur ces choses.
En 1816 il édite son *Mémoire sur l'iode*, la plus remarquable, dit-on, de ses productions.

La nature de l'ouvrage que nous adressons ici à la jeunesse nous autorise à ne pas parler davantage des services
immenses rendus à la science par notre illustre compa-
triote. Disons seulement qu'il est l'inventeur de l'alcoomè-
tre, du baromètre transportable, d'une méthode plus sûre
pour essayer l'or et l'argent, et qu'il porta dans les procédés et les instruments de la science une rigueur et une
science inconnues jusque-là.

Admis à l'Institut dès 1804, il devint bientôt professeur
de physique à la faculté des sciences ; de chimie à l'école
polytechnique et au Muséum, et membre de diverses commissions d'une spécialité très importante.

Député en 1831, il est nommé pair de France en 1839.
Mais comme personnage politique il n'a rien ajouté à la
gloire de son nom, qu'immortaliseront assez des travaux
qui sont encore les *Manuels* de tous les savants français
ou étrangers.

Il est mort en 1850. Son nom et son portrait se trouvent
dans les académies et les principales écoles ; à Limoges
une voie très belle vient d'être ouverte près de la Gare, et
porte le nom de cet homme célèbre, dont l'ardent amour
du travail doit être cité pour encourager la jeunesse.

JOURDAN (Jean-Baptiste, comte)

Maréchal de France,

Né à Limoges, le 29 avril 1762, était fils d'un chirurgien de cette ville. Une plaque en bronze, près du pont Saint-Etienne, est fixée sur l'angle de cette humble maison. Il commença sa carrière militaire en 1778, dans le régiment d'Auxerrois, et fit la guerre d'Amérique. Après la conclusion de la paix, il revint dans sa patrie, et lorsque les puissances étrangères menaçaient la France, en 1792, il conduisit à l'armée du Nord le 2ᵉ bataillon de la Haute Vienne, dont il était chef.

Ses talens et sa bravoure ne tardèrent pas à le faire remarquer. Nommé général de brigade le 27 mai 1793, général de division le 30 juillet suivant, il se distingua de la manière la plus brillante à la bataille de Hondschoote, où il fut blessé. Promu peu après au grade de général en chef, il gagna, le 17 octobre, la bataille de Wattignies, et força le prince de Cobourg à lever le siége de Maubeuge ; il fut ensuite nommé au commandement de l'armée de la Moselle, et ouvrit la campagne de 1794 par le combat d'Arlon, où l'ennemi fut complètement battu.

Il se réunit alors avec quarante mille hommes à l'aile droite de l'armée du Nord, devant Charleroi, et les troupes placées sous son commandement prirent le nom d'armée de Sambre-et-Meuse. Cette même armée remporta, le 26 juin, la mémorable victoire de Fleurus, reprit les places de Landrecies, du Quesnoy, de Valenciennes, de Condé ; plus tard elle s'empara des forteresses de Maëstricht, de Luxembourg, et planta ses drapeaux sur le Rhin.

En septembre, Jourdan passa ce fleuve de vive force.

Les lignes de Mayence ayant été forcées, il marcha et secourut de l'armée du Rhin-et-Moselle, et convint d'un armistice après une courte mais brillante campagne dans le Hundsruck.

Au printemps suivant, il s'empara de Francfort, de Wurtzbourg, et poussa ses succès jusque près de Ratisbonne. Il quitta à cette époque le commandement de l'armée, et fut nommé, en 1797, par le département de la Haute-Vienne, au conseil des Cinq-Cents, dont il fut élu président le 23 septembre.

Après avoir donné sa démission, le 15 octobre, et reçu du Directoire le commandement de l'armée du Danube, il passa le Rhin le 1er mars 1799, et entra dans la Souabe, dont l'habileté de ses opérations le rendit bientôt maître, sans avoir besoin de combattre. Il rentra plus tard au conseil des Cinq-Cents et parut contraire aux vues ambitieuses de Bonaparte. Cependant il fut nommé, en 1800, par le premier consul, ministre extraordinaire, puis administrateur-général du Piémont, fonctions qu'il exerça avec autant de talent que d'intégrité. Le roi de Sardaigne voulant reconnaître les services qu'il avait rendus à cette époque, lui envoya, en 1816, son portrait enrichi de diamants.

Nommé maréchal de l'empire et grand-cordon de la Légion-d'Honneur, au mois de mai 1804, il passa ensuite au commandement de l'armée d'Italie. Il remplit les hautes fonctions de gouverneur de Naples et reçut le titre de grand-dignitaire des Deux-Siciles. Après avoir ensuite occupé le poste de major-général de l'armée d'Espagne, où il avait suivi le roi Joseph en 1808, il sollicita son rappel en 1814. Il envoya son adhésion à la déchéance de Napoléon, ainsi qu'à tous les actes du gouvernement provisoire, et fut confirmé par Louis XVIII dans son gouvernement de la 15e division militaire. Il reçut aussi de ce monarque la croix de Saint-Louis, et au commencement de l'année suivante le titre de comte.

En 1817, il fut nommé gouverneur de la 7ᵉ division militaire, et, en 1818, le roi l'appela à la chambre des pairs. Le 11 août 1830, Jourdan fut nommé par le pouvoir né de la révolution qui venait de s'opérer, gouverneur des Invalides. Il est mort le 26 novembre 1833. Il avait reçu, en 1805, de l'électeur de Bavière, la croix de l'ordre du Saint-Hubert. On a du maréchal Jourdan : *Mémoires pour servir à l'histoire de la campage de 1796.*

La ville de Limoges, où son nom est très populaire, lui a élevé une statue colossale sur une de ses principales places, et a appelé cours Jourdan sa plus belle avenue.

KLÉBER (Jean-Baptiste),

Général,

Né à Strasbourg en 1754, était fils d'un terrassier attaché à la maison du cardinal de Rohan. Son père le destinant à l'état d'architecte. Il vint à Paris, où il étudia sous d'habiles maîtres ; mais une circonstance imprévue vint changer sa carrière. Se trouvant un jour dans un café où quelques étourdis insultaient des étrangers, Kléber prit la défense de ceux-ci. C'étaient deux gentilshommes bavarois qui, reconnaissants du service qu'il leur avait rendu, l'invitèrent à les suivre à Munich. Ils lui ouvrirent dans cette ville l'entrée de l'école militaire, où Kléber se distingua par son assiduité au travail. Le général Kaunitz, fils du premier ministre, le prit en amitié, et, frappé de sa belle taille et de son esprit, l'emmena avec lui à Vienne, où il lui donna une lieutenance dans son régiment.

L'Autriche se trouvant en guerre avec la Porte, Kléber fit sa première campagne en 1776, et mérita les éloges de ses chefs ; mais après sept ans de service, n'ayant guère pu obtenir d'avancement, il donna sa démission, revint en Alsace, et obtint, par la protection de l'intendant Galaisière, la place d'inspecteur des bâtiments publics à Béfort. Il reprit alors l'étude de l'architecture. Après six ans d'une vie paisible, il vit éclater la révolution dont il embrassa es principes.

Le régiment Royal-Louis, qui restait fidèle à la cour, s'étant opposé à certaines mesures ordonnées par les officiers municipaux, Kléber prit le parti des municipaux, repoussa les soldats, et présenta même un défi au colonel. En 1792, il entra comme simple grenadier dans un régiment de volontaires du Haut-Rhin. Il s'y fit bientôt remarquer, et le général Wimpfem, qui commandait à Brissac, lui accorda le grade d'adjudant-major dans un bataillon qui allait se réunir à l'armée du Custine à Mayence. Nommé adjudant-général, il commanda et exécuta les sorties de Biberach et de Marienborn. Après la prise de Mayence, il vint à Paris : appelé devant le tribunal révolutionnaire comme témoin dans l'accusation intentée contre Custine, il eut le courage de déposer en sa faveur. Kléber, nommé général de brigade, fut envoyé dans la Vendée et rencontra à Torfou l'armée royaliste forte de vingt mille hommes ; il n'en avait que quatre mille et six pièces de canon. Après une vigoureuse résistance, il fit une habile retraite et comprit qu'on ne pouvait vaincre les Vendéens qu'en imitant leur tactique. Il éprouva un nouvel échec au-delà de la Loire, échec qui fut attribué aux généraux en sous-ordre. Il s'ensuivit une altercation entre Kléber et le jeune Marceau, son rival de gloire, qui remplaça le premier au commandement en chef. Dès que Marceau vit Kléber disgracié, il lui remit toute l'autorité, servit sous lui, et ne garda que le titre de général. Kléber, victorieux au Mans, poussa de marche en marche les débris des Vendéens entre la Loire et la Vilaine, et dit : « C'est ici où je les voulais. » Les commissaires de la Convention, qui suivaient toujours les armées, lui ordonnent de commencer l'attaque pendant la nuit.

« Non dit Kléber, il est bon de voir clair dans une affaire
» sérieuse, et celle-ci doit se décider au grand jour. » Il
défit complètement les Vendéens près de Savenay. Il répondit alors sur sa tête de la tranquillité des provinces in-
surgées; mais le comité de salut public ne voulut rien
accorder, ni recourir en aucune manière à des moyens de
clémence. Kléber fit son entrée à Nantes ; on lui donna une
fête, et au moment où une couronne de laurier descendait
sur son front, un des trois commissaires s'écria : « que ces
» lauriers n'étaient pas dus aux généraux, mais aux sol-
» dats. — Nous avons tous vaincu, répondit Kléber
» avec fierté ; je prends cette couronne pour la suspendre
» aux drapeaux de l'armée. »

Les exécutions horribles qui avaient lieu après les batailles contre les prisonniers excitèrent enfin en lui une indi-
gnation qu'il ne dissimula pas. Certes la guerre d'extermination qu'il faisait contre les malheureux Vendéens aurait
dû lui servir de *brevet de patriotisme*. Mais non, la Convention l'exila, et on commença à le regarder comme *suspect* et ennemi de la liberté. Son caractère franc et souvent brusque lui faisait en outre des ennemis et retardait son
avancement ; mais on avait besoin d'un grand général, et
Kléber en avait toutes les qualités : il fut en conséquence
rappelé et successivement employé à l'armée du Nord,
puis à celle de Sambre-et-Meuse comme général de division. Il passa la Sambre en présence des armées alliées, et
à la bataille de Fleurus, 26 juin 1794, il commandait l'aile
gauche opposée au prince d'Orange (qu'il arrêta au pont de
Marchiennes). S'étant ensuite porté sur Mons avec trois
divisions, il força le camp retranché du mont Panisel et le
passage de la Roër, repoussa l'ennemi jusqu'à la rive droite
du Rhin, et après vingt-huit jours de tranchée ouverte et
quarante-huit heures de bombardement, il entra victorieux dans Maëstricht.

Dans le mois d'octobre 1795, il commanda l'aile gauche
de l'armée de Jourdan, et dirigea le passage du Rhin devant

Dusseldorf. Quand cette armée, s'avançant sur le Mein, fut tournée par le général Clerfayt, Kléber dirigea sa retraite avec autant de sang-froid que d'habileté. Il seconda, en 1796, toutes les opérations de Jourdan, et contribua à ses succès. A la tête de l'aile gauche, il força le passage de la Sieg, et mit en déroute l'armée du prince de Wurtemberg, sur les hauteurs d'Altenkirchen. Atteint par l'armée de l'archiduc Charles, forte de 60 mille hommes, et n'en ayant que 20 mille, il prit une position avantageuse sur les hauteurs d'Ukrad, d'où l'ennemi ne put pas le déloger. Il battit ensuite le général Kray à Kaldieck, et le prince de Wartensleben à Friedberg. Il commanda l'armée par *interim* pendant quelques jours, et il allait opérer sa communication avec l'armée de Rhin-et-Moselle, par Heilbronn, et s'emparer de Francfort, lorsqu'une intrigue l'éloigna de l'armée dont il méritait si bien le commandement en chef.

Quoique les journaux eussent annoncé, et 1798, qu'il obtiendrait ce grade à l'armée de Sambre-et-Meuse, ce fut à Hoche qu'on le déféra. Kléber, mécontent du Directoire, se retira à une maison de campagne qu'il avait achetée aux environs de Paris, où il s'occupait de rédiger des *mémoires* sur ses campagnes, lorsque Bonaparte l'engagea, en 1798, à le suivre en Egypte. Il débarqua le 30 juin de la même année devant Alexandrie, et reçut un coup de feu en en escaladant les remparts. Bonaparte, qui se portait sur le Caire, lui laissa le commandement de cette place.

Kléber l'accompagna l'hiver suivant en Syrie, à la tête de l'avant-garde, prit le fort d'El-Arisch, suivit sa route dans le désert, s'empara de Gaza, de la ville et des forts de Jaffa. Pendant le siége de Saint-Jean d'Acre, il fut détaché du camp, battit les Turcs au Mont-Thabor, et les força de se retirer vers le Jourdain. Après la levée du siége, il commanda l'arrière-garde et protégea la retraite de l'armée.

Il se signala de nouveau en Egypte, au combat d'Abou-

kir, où les Turcs furent entièrement défaits. A son départ
pour l'Europe, Bonaparte lui remit le commandement ;
Kléber se trouvait dans la position la plus difficile. Les fré-
quents combats, les marches forcées dans le désert avaient
affaibli notablement l'armée, qui se trouvait en outre dépourvue de munitions et d'argent, tandis que le grand visir
s'avançait par la route de Damas avec 80 mille hommes et
60 pièces de canon, et que le fort d'El-Arisch était déjà
tombé en son pouvoir. Ne pouvant ni obtenir de secours, ni
conserver l'Egypte, Kléber continua avec les Ottomans les
négociations entamées par Bonaparte ; mais n'espérant
d'elles aucun résultat sans l'entremise des Anglais, il choisit
pour médiateur le commodore Smith.

Le traité d'El-Arisch fut conclu : il portait que l'armée
française serait embarquée et transportée en France avec
armes et bagages ; l'Egypte devait être entièrement évacuée,
et tous les Français prisonniers mis en liberté ; mais à
peine Kléber, fidèle au traité, eut-il remis aux Turcs tous
les forts de la haute Egypte, la ville de Damiette, comme
il se disposait à évacuer le Caire, l'amiral Keith lui écrivit
que son gouvernement lui défendait de permettre l'exécution d'aucun traité, à moins que l'armée française ne mît
bas les armes, et ne se rendît prisonnière de guerre. Kléber indigné fit imprimer cette lettre pour lui servir de ma-
nifeste, et il y ajouta ces mots : « Soldats, aux armes !
» vous répondrez à une telle insulte par des victoires. »

Depuis ce moment Kléber vola de succès en succès.
Ayant rapidement concentré son armée, il la développa
dans les plaines de la Koubeh, défit l'avant-garde turque,
retranchée devant le village de Matarié ; et rencontra l'armée du grand visir déjà rangée en bataille, au moment
qu'il s'approchait de l'obélisque d'Héliopolis ; elle était dix
fois supérieure à la sienne ; Kléber l'attaqua immédiatement
et remporta le célèbre victoire d'Héliopolis. Il dispersa les
Turcs dans le désert, se rendit maître, à Salahieh, de tous
les bagages de l'ennemi et d'un butin considérable, et re-

prit de vive force le Caire, où l'insurrection avait éclaté, ainsi qu'à Boulak.

La révolution du 18 brumaire lui faisait espérer de prompts secours de la part du premier consul. Sa victoire récente lui offrait la possession paisible de l'Egypte, au moins pour une année; l'armée elle-même montrait le désir de conserver cette conquête; tandis que les Egyptiens, étonnés de voir l'armée nombreuse du grand visir battue par une poignée de Français, crurent que ces derniers resteraient leurs maîtres. Les contributions extraordinaires imposées à la ville du Caire, en punition de la révolte, mirent Kléber à portée de payer 11 millions d'arriéré, y compris la solde. Il forma une légion grecque et un corps de Cophtes, qu'il fit instruire et habiller à la française. Il établit aussi un parc de 500 chameaux, et des ponts volants sur le Nil, pour faciliter le passage du fleuve aux troupes qui auraient à marcher de la côte aux frontières de la Syrie.

Kléber s'occupa ensuite de la sûreté et de la prospérité de l'Egypte, il mit un terme aux dilapidations, établit un comité administratif. Respecté par les peuples conquis, aimé de ses subalternes, chéri de tous ses soldats, il exerçait un pouvoir souverain et nullement disputé. Il quitta le Caire le 5 juin 1800, pour faire une tournée en Egypte; le 14, il passa la revue de la légion grecque, dans l'île de Rhouda, et revint au Caire voir les embellissements qu'on faisait à son hôtel. Il se promenait sur la terrasse de son jardin lorsqu'un jeune Turc, nommé Soleyman, égaré par son fanatisme, lui porta quatre coups de poignard dont il expira quelques moments après. On arrêta aisément l'assassin, qui n'opposa pas la moindre résistance, et qui semblait regarder ce meurtre atroce comme une action inspirée par le ciel; il fut condamné par une commission militaire à périr au milieu des tourments.

Kléber est sans contredit un des plus grands hommes de guerre qu'ait produits la révolution. Une activité infatigable, un rare sang-froid, beaucoup d'enthousiasme pour la

gloire de son pays , un coup d'œil juste , une connaissance
profonde de la tactique de son art , voilà les qualités qui le
distinguaient comme général. Désintéressé , humain et très-
respecté , d'un seul regard il arrêtait les séditions , le bri-
gandage et l'effusion du sang. Peu de chefs d'armée ont
établi une discipline aussi exacte parmi les soldats et peu
d'hommes pouvant disposer des richesses conquises ont
mieux su les mépriser. Sa franchise , une certaine fierté
et un caractère facile à s'emporter, rendaient souvent son
abord pénible à ceux qui l'approchaient ; mais ses actions
et son équité lui gagnaient bientôt leur estime. Ses restes,
rapportés à Marseille , furent déposés au château d'If.
Louis XVIII ordonna , en 1818 , qu'ils fussent recueillis et
placés dans un monument qui lui fut élevé à Strasbourg.
Un autre monument , qui ne fut pas terminé , lui avait été
décerné sur la place des Victoires ; c'est là que Garat prononça son éloge funèbre , qui fut imprimé avec celui du
général Desaix , par le même auteur, à Paris.

L'ABBÉ DE L'ÉPÉE

Instituteur des sourds-muets ,

Naquit le 25 novembre 1712. L'homme qui eut nom
l'abbé de l'Epée fut un ange envoyé par Dieu sur la terre
pour réhabiliter aux yeux de tous , et à leurs propres
yeux , cette classe qui excite de si vives sympathies , la classe
des sourds-muets de naissance.

Fils d'un architecte du roi , le jeune de l'Epée se sentit
de bonne heure porté vers l'état ecclésiastique. Son père ne
s'opposant point à cette vocation instinctive , le jeune de
l'Epée embrassa les ordres. Nommé chanoine de Troyes
par l'évêque de cette ville , il eut malheureusement le tort

de se lier d'amitié avec le célèbre Soanen, dont il partagea le sort après avoir adopté le jansénisme

Un heureux hasard amena l'abbé de l'Epée à se consacrer entièrement à l'éducation des sourds-muets. Un jour, se rendant chez une dame pour une affaire, il fut reçu par ses deux filles, jeunes personnes qui l'intéressèrent par leur air de candeur et de modestie. Bientôt il a lieu de s'étonner de leur silence que d'abord il avait attribué à la timidité naturelle à leur sexe. Il n'ose les interroger, lorsqu'enfin leur mère arrive et explique ce mystérieux silence en apprenant à M. de l'Epée son malheur et celui de ses deux filles, toutes deux sourdes-muettes de naissance.

Le père Vanin avait commencé l'éducation de ces deux jeunes demoiselles; mais une mort subite l'avait surpris avant que sa tâche fût achevée. L'abbé de l'Epée offre de se charger de remplacer le père Vanin et d'instruire ces deux jeunes sœurs qui étaient jumelles, afin de leur donner connaissance de la religion. La route des estampes n'était pas de son goût; l'alphabet manuel français ne lui parut utile qu'à enseigner à lire à ses disciples, et il s'agissait de les conduire à l'intelligence des mots. Les signes les plus simples, qui ne consistent qu'à montrer avec la main les choses dont on écrit les noms, suffisaient pour commencer l'ouvrage; mais ils ne menaient pas loin, parce que les objets ne sont pas toujours sous les yeux, et qu'il y en a beaucoup qui ne peuvent être aperçus par nos sens. Il lui parut donc qu'une méthode de signes combinés devait être la voie la plus commode et la plus sûre, parce qu'elle pourrait également s'appliquer aux choses absentes et présentes, dépendantes et indépendantes des sens.

C'est par cette méthode qu'il forma les élèves dont le nombre s'accrut en peu de temps. Il leur communiqua d'abord les connaissances indispensables, et, selon qu'ils avaient du goût pour l'étude, il conduisit leur éducation aussi loin qu'il est possible de le désirer. On a compté parmi ses disciples des savants , des mathématiciens , des littérateurs distingués; quelques-uns , par leurs ouvrages , disputèrent et obtinrent des couronnes académiques; l'un d'eux possédait jusqu'à six langues.

Ce prêtre savant aurait assuré une gloire entière à son nom s'il n'eût vécu et ne fût mort dans le jansénisme , c'est-à-dire en révolte contre l'Eglise. Il quitta la terre le 23 décembre 1787.

LA BRUYÈRE ,

Écrivain-moraliste.

Jean de La Bruyère, immortalisé par ses *Caractères* , naquit près de Dourdan , en Normandie , en 1644. L'origine de sa famille est à peu près inconnue. La Bruyère ne songea pas d'abord à suivre la carrière des lettres ; aussi acheta-t-il à Caen une charge de trésorier de France. Bossuet , qui se connaissait en hommes de mérite , devina La Bruyère , et l'obligeant à changer sa résolution première , le fit charger d'enseigner l'histoire au duc de Bourgogne. Ce prince , ami des lettres , retient près de lui La Bruyère , et lui donna en témoignage d'estime et de reconnaissance une pension de mille écus. En 1693, La Bruyère fut reçu à l'Académie française malgré une assez vive opposition ; car dès cette époque ce peintre fidèle du cœur humain avait à la haine des sots des droits que lui donnait son talent à les portraiter. En effet , finesse de traits , beauté de coloris et vérité d'expression , rien ne manque à ses portraits , dont la réunion forme la galerie la plus variée et la plus originale.

Avocat du bon sens , La Bruyère est aussi le défenseur de la vertu à laquelle il cherche à nous ramener sans cesse.

C'est la pensée de nous rendre meilleurs qui domine son bel ouvrage « *les Caractères.* » C'est au profit de la morale qu'il déploie son talent. La base de cette morale est à ses yeux la religion chrétienne dont il établit les preuves d'une manière si neuve dans son chapitre sur les *esprits-forts.*

Le style de La Bruyère se prête avec souplesse à toutes les formes, obéit à tous les mouvements et revêt toutes les couleurs. Rien n'est confus, et tout est varié ; rien n'est hasardé, et tout paraît neuf.

La Bruyère a traduit du grec *les Caractères* de Théophraste, et l'on a prétendu que ce philosophe avait été son guide. Il suffit d'un léger examen pour reconnaître à quelle distance le disciple a laissé derrière lui son maître. « S'il est vrai, dit Delille, que Théophraste ait pour ainsi dire créé La Bruyère, il faut convenir que c'est là son plus bel ouvrage. »

« Les efforts qu'on a faits pour imiter ces *Caractères,*
» dit un judicieux critique, n'ont servi qu'à prouver com-
» bien ils sont inimitables. Avant de s'attacher au genre,
» il fallait être doué comme lui de ce coup-d'œil perçant
» qui pénétrait dans les plus profonds replis du cœur, de
» cette vigoureuse subtilité qui en saisissait les mouvements
» dans leur source, de cette énergie supérieure qui les a si
» profondément tracés, de ce génie enfin qui ne saurait
» être que le résultat de la force des idées et de la chaleur
» du sentiment.... Que prouve cette difficulté d'imiter les
» bons modèles, sinon que les talents dégénèrent parmi
» nous, ou qu'on ne les cultive et ne les nourrit pas assez
» avant de les appliquer à des sujets qui les surpassent ? »

La Bruyère avait cinquante-deux ans lorsqu'il fut frappé d'une attaque d'appoplexie foudroyante, le 10 mai 1696.

LAFONTAINE,

Fabulist

Jean de Lafontaine naquit à Château-Thierry, le 8 juillet 1621. Son père, Jean de Lafontaine, maître des eaux et forêts en ladite ville, avait épousé Françoise Pidoux, fille du bailli de Coulommiers.

Son enfance n'offrit rien de remarquable. Il arriva jusqu'à l'âge de vingt-deux ans sans que ni sa famille, ni ses amis, ni lui-même, se doutassent de son génie. Sa vocation poétique lui fut révélée la première fois par la lecture de Malesherbes, qu'il entendit lire à un officier en garnison à Château-Thierry. Dès lors il se passionna pour ce poète, qu'il apprenait par cœur la nuit, qu'il allait déclamer le jour dans les bois. A cette lecture il joignit celle de Rabelais, de Marot; puis un de ses parents lui fit connaître quelques auteurs anciens : Térence, Horace, Quintilien, Plutarque et Platon; ces deux derniers surtout devinrent ses auteurs favoris. La littérature italienne eut son tour; enfin Lafontaine passait son temps à lire tous les auteurs que nous venons de nommer, à faire quelques vers et à rimer, quand son père lui transmit sa charge de maître des eaux et forêts et le maria. Lafontaine reçut avec insouciance ce changement de position. Toutefois, il faut le dire à la louange du fabuliste, malgré son excessive indolence, il dut trouver du courage pour défendre ses amis et ses bienfaiteurs quand ils furent malheureux. Louis XIV venait de disgracier le surintendant Fouquet qui protégeait Lafontaine : la foule des courtisans s'éloignait du ministre déchu; Lafontaine seul, avec l'avocat

Pélisson, ose, dans une touchante élégie adressée au roi, plaindre le sort de Fouquet et demander sa grâce.

Malgré toutes les pensions qu'il recevait, Lafontaine, par suite de son peu d'ordre et de son habitude de dissipation, était toujours pauvre et manquait de tout. Madame de la Sablière le prit chez elle et le garantit de tous les embarras et des soins de la vie. Lafontaine passa chez cette dame, qu'il a immortalisée dans ses vers, les vingt plus belles années de sa vie, et composa auprès d'elle la plupart de ses chefs-d'œuvre. Reçu à l'Académie française, le 2 mai 1684, il avait déjà publié les six premiers livres de ses fables en 1668, et quelques poèmes qui sont loin d'en avoir les beautés. Lafontaine remplaça Colbert à l'Académie, et l'emporta sur Boileau, son concurrent. Louis XIV, mécontent de l'élection du fabuliste, refusa longtemps de la ratifier; Lafontaine se fit présenter au roi, auquel il voulut donner une pièce de vers, afin d'obtenir son autorisation. Il est introduit devant Louis XIV, mais il chercha vainement sa pièce de vers, il l'avait oubliée. « M. de Lafontaine, ce sera pour une autre fois, » lui dit le monarque.

On ferait un long recueil de toutes les naïvetés et de toutes les distractions de Lafontaine. Après la mort de madame de la Sablière, il se trouvait sans asile : M. et madame d'Hervart vinrent pour lui offrir un logement chez eux; ils le rencontrent dans la rue : « Venez loger chez nous, » lui dirent-ils. — « J'y allais, » répond le bonhomme.

En 1692 il tomba dangereusement malade et se convertit à la vie chrétienne, il brûla à cette époque une comédie, et fit publiquement amende honorable de ses écrits licencieux. Il est mort le 13 avril 1695, demandant pardon à Dieu et aux hommes de ses outrages à la morale et à la religion.

Les fables de Lafontaine en ont fait un des poètes les plus originaux de notre littérature; sous ce rapport il est encore l'*inimitable*.

LAROCHEJAQUELEIN (Henri de),

L'un des plus illustres chefs des armées vendéennes, naquit au château de Frubellières, près de Châtillon-sur-Sèvres, dans le Poitou, le 30 août 1772; il était fils du marquis de Larochejaquelein, colonel du régiment de Royal-Pologne (cavalerie). Destiné à suivre la carrière des armes, il fut envoyé à l'école militaire de Sorèze. Il n'avait que 16 ans à l'époque où la révolution éclata, et il n'accompagna pas son père dans l'émigration : le désir de défendre le trône le fit entrer dans la garde constitutionnelle de Louis XVI; mais la terrible journée du 10 août vint détruire ses espérances. Il dit, en quittant la capitale : « Je vais dans ma province, et bientôt on entendra parler » de moi. »

Il se retira dans la terre de Clisson, auprès de Lescure, son ami et son parent; ils ne tardèrent pas à prendre une part active aux tentatives déjà commencées dans leur province pour le rétablissement de la monarchie. Le mauvais succès du premier soulèvement de Bressuire ne découragea pas Larochejaquelein. Le 10 mars 1793, un nouveau soulèvement ayant lieu, un paysan vint annoncer à Larochejaquelein que les habitants des paroisses voisines avaient pris les armes pour se réunir aux insurgés, et qu'ils l'avaient choisi pour leur chef. Il accourut, et avec sa troupe, il se joignit à Bonchamp et à d'Elbée. Une armée républicaine ayant pénétré dans la Vendée, il se transporte à Châtillon et à Saint-Aubin, où sont les propriétés de sa famille; des milliers de paysans viennent de toutes parts et le proclament leur chef.

Il leur fait une harangue énergique, qu'il termine par ces mots : « Je suis encore bien jeune, sans expérience, » mais je brûle de me rendre digne de vous commander; » allons chercher l'ennemi ; si je recule, tuez-moi; si » je meurs, vengez-moi... » Les Vendéens, pleins d'enthousiasme, volent à la rencontre de l'ennemi, qu'ils trouvent retranché dans le cimetière des Aubiers. Ils attaquent le bourg, s'élancent sur les républicains, les repoussent, s'emparent de leur artillerie, et leur chef les ramène aussitôt sur Châtillon et sur Tiffauge, où il partage les munitions enlevées avec d'autres insurgés qui se rangent sous ses drapeaux. Dans ce moment le marquis de Lescure, pressé par le danger, avait envoyé l'ordre à plus de quarante paroisses de prendre les armes, lorsque Larochejaquelein arriva avec sa troupe, aux cris de *vive le Roi !* Le château de Clisson, devenu une place d'armes, se remplit de soldats mal disciplinés, mal armés, mais animés d'un courage à toute épreuve. Le corps de Larochejaquelein se réunissait ordinairement à la grande armée d'Anjou, forte de 18,000 hommes; aussi il prit part, le 2 avril, au glorieux combat de Beaupréau, par suite duquel les républicains furent chassés au-delà de la Loire.

A l'attaque de Thouars, Larochejaquelein, monté sur les épaules du brave Texier de Coulai, arrache de ses mains les pierres des murailles et commence la brèche. On suit son exemple; et les républicains assiégés mettent bas les armes. Il commanda l'aile gauche à la première bataille de Fontenay, perdue par les Vendéens. A la seconde bataille, il chargea avec la cavalerie et compléta la déroute des ennemis. Le 7 juin il enleva le camp retranché de Varins, et, armé de son sabre, il poursuivit les fuyards et tua un dragon qui venait de tirer sur lui et qui l'avait manqué. Il montra le même courage à la prise de Saumur, où il entra l'un des premiers. En cinq jours les Vendéens s'étaient emparés de 80 pièces de canon, d'une grande quantité de munitions, et avaient fait 12,000 prisonniers. Sau mur fut confiée à Larochejaquelein ; il n'en sortit qu'après l'échec de Nantes. A la bataille de Luçon, il commanda l'aile gauche et couvrit la retraite de l'armée royale.

C'est depuis cette époque que commença la guerre d'extermination contre la Vendée ; mais rien ne pouvait ralentir la valeur des héros royalistes. Larochejaquelein emporta, avec Bonchamp, la forte position d'Ernée ; quoiqu'il eût le pouce fracassé par une balle, il ne quitta pas le champ de bataille. Les armées républicaines s'étant concentrées, Lescure et Larochejaquelein essayèrent inutilement de couvrir Châtillon. Ils voulurent attaquer les républicains près de Cholet ; malgré des prodiges de valeur ils perdirent la bataille, et Lescure, Bonchamp, d'Elbée, y furent blessés à mort. Larochejaquelein fut entraîné par les fuyards jusqu'à Beaupréau, et ce fut contre son avis que l'on exécuta le funeste passage de la Loire. Quatre-vingt mille fuyards arrivèrent le 18 octobre à Saint-Florent, pour se soustraire à la formidable artillerie des républicains, et gagnèrent la rive droite de ce fleuve. Le 19 octobre, une nouvelle armée royale se trouva réunie à Varades, et sur la rive droite. D'Elbée et Bonchamp n'existaient plus, et Lescure, blessé mortellement comme eux, avait peu de temps à vivre. Il désigna Larochejaquelein comme le seul capable de ranimer le courage abattu des Vendéens, et tous les chefs le proclamèrent généralissime ; il n'avait que 20 ans. En vain ce jeune et modeste héros refuse, les larmes aux yeux, cet honneur, il est contraint de céder, et il s'entend saluer comme chef suprême par une armée de braves. Elle se met en marche le 20 octobre vers les côtes de la Bretagne, où les Anglais avaient promis des secours. Un corps de républicains qui couvrait Laval fut attaqué et dispersé par la cavalerie vendéenne. En poursuivant l'ennemi, Larochejaquelein se trouva seul, sans armes, et un bras en écharpe, dans un chemin étroit et en face d'un républicain qui le couche en joue. Larochejaquelein évite le coup, pousse

contre lui son cheval, le terrasse, et le défend ensuite
contre ses soldats qui sont accourus et veulent tuer le républicain. « Va, lui dit Larochejaquelein, va, retourne
» vers les républicains, et dis-leur que le général des roya-
» listes, sans armes et privé d'un bras, t'a laissé la vie. »
Cependant il fallut livrer bataille au général Séchelle qui
marchait sur Laval.

Cette bataille dura un jour et une nuit ; elle eut lieu entre cette ville et le bourg d'Autrain ; le général royaliste y
déploya les talens d'un grand capitaine. Les républicain
culbutés perdirent beaucoup de monde, leur bagage et leur
artillerie. L'armée royaliste se reposa quelques jours à
Laval. Larochejaquelein ayant divisé son armée en trois
corps, sortit victorieux de deux autres attaques, et s'empara d'Ernée et de Fougères. Il se dirigea ensuite par Dol
vers Granville, que son armée, forte de 50,000 hommes,
attaqua sans succès. Ce revers découragea tellement les
Vendéens, qu'ils demandèrent à grands cris à retourner
dans leurs foyers, et furent sur le point de se révolter.
Larochejaquelein parvint à les calmer, et s'éloigna de ces
rivages. En les quittant, les royalistes perdirent l'espoir de
se réunir aux forces anglaises qui les attendaient en Bretagne. Lord Moira, qui les commandait, n'avait point encore mis à la voile à cause de la contrariété des vents. En
se dirigeant vers Dol, Larochejaquelein rencontra, le 16
novembre, le général Westermann ; le combat dura 22 heures, et les royalistes remportèrent une victoire complète ;
leur général eut son cheval blessé, mais il força les républicains à fuir dans le plus grand désordre, et cette victoire
lui livra Ernée et Mayenne, d'où il se porta sur Laval.

Le 5 décembre il attaqua Augé ; il y éprouva le même
sort qu'à Granville. Contraints de tourner le dos à la Loire
et d'éviter le pont de Cé, défendu par de forts détachements
ennemis, les Vendéens voulaient cependant rentrer dans
la Vendée, et suivirent la route de Beaugé. Arrivés devant
La Flèche, ils trouvèrent sur le soir le pont coupé, et de

l'autre côté la ville défendue par une forte garnison. Larochejaquelein, se voyant placé entre la rivière et les ennemis, prend une détermination digne du général le plus ex-
périmenté. Il choisit 400 cavaliers qui, ayant chacun un
fantassin en croupe, remontent la Loire ; il trouve un gué,
le passe le premier sur une chaussée couverte d'eau, et,
suivi des siens, surprend et met en déroute la garnison,
se rend maître du faubourg, s'y retranche, rétablit le pont,
s'empare de la ville, sauve l'armée, et ajoute de nouveaux
lauriers à sa gloire.

Cependant l'armée manquait de tout : pour l'approvi-
sionner il se dirigea sur le Mans et s'en empara ; mais le
jour suivant il se voit attaqué sur trois routes différentes. Le 13 décembre s'engagea une bataille sanglante qui fut
comme le tombeau d'une armée aussi fidèle qu'intrépide.
Larochejaquelein ayant rassemblé un peu de cavalerie et
rallié un grand nombre de fuyards, arriva avec ces débris
à Laval, toujours harcelé par les républicains, qui, le
lendemain, entrèrent dans Craon. On marchait nuit
et jour, dans l'espoir de passer la Loire à Ancenis.
Les royalistes atteignent enfin Pouancé, et ensuite
Ancenis, où ils entrent le 16, sans trouver de résistance.
Mais la rive opposée était occupée par l'ennemi, et il n'y
avait sur la rivière ni pont, ni bateaux. On aperçoit de
l'autre côté de la rivière quatre barques chargées ; il faut
s'en emparer... qui l'osera ? c'est l'intrépide général. Il fait
enlever d'un étang voisin un batelet que l'on transporte sur un chariot ; il s'y jette avec Stofflet et Laville
de Beaugé ; il tient par la bride son cheval, qui suit à la
nage le batelet. Ce frêle bateau, sans direction et endom-
magé, tantôt s'enfonce, tantôt reparaît sur les flots, et
parvient enfin à la rive. Dans ce moment l'armée, qui
était arrivée successivement, construisait des radeaux pour
passer la rivière. Les royalistes sont interrompus dans ce
travail par une attaque soudaine des républicains. Le massacre fut horrible : ce furent les derniers efforts de cette

brave armée , qui , deux mois auparavant, était maîtresse
de la Loire et victorieuse des républicains dans le Maine,
la Bretagne , et avait arboré dans plusieurs villes le dra-
peau de Henri IV. Ceux qui survécurent à cette fatale journée allèrent périr glorieusement dans les plaines de
Savenay.

Témoin de ce désastre , Larochejaquelein , qui se trouvait sur la rive opposée , suivi de Stofflet , de Beaugé , de
Langerie et d'une vingtaine de soldats qui avaient pu les
rejoindre, veut s'enfoncer dans l'intérieur du pays. Ils sont
surpris par une patrouille ; leurs soldats se dispersent et
ils restent seuls ; tous quatre errent à l'aventure le reste
du jour, et arrivent le soir à une métairie. On leur offre
un repas frugal. Accablés de fatigue et de sommeil , ils tombent sur une meule de paille. Ils sont bientôt réveillés par
leur hôte qui vient les avertir qu'une patrouille s'approche.... mais le sommeil est plus fort que l'amour de la vie ;
ils cèdent à ce besoin impérieux. Les soldats républicains
arrivent , et , accablés eux-mêmes de sommeil et de lassi-
tude , ils s'endorment de l'autre côté de la meule , auprès
des quatre Vendéens qu'ils n'ont pas aperçus. Larochejaquelein et ses compagnons d'infortune partirent au point du
jour, et pendant quarante-huit heures ils vécurent du pain
qu'ils enlevaient à des républicains isolés qui tombaient
sous leurs coups.

Ayant parcouru plusieurs chemins de traverse, La Rochejaquelein arrive la nuit à Châtillon : les républicains y
avaient un poste. Il traverse la ville , ne répond pas au cri
de la sentinelle , et gagne une métairie près de Saint-
Aubin de Beaubigny. Il retrouve dans cette métairie sa
tante , madame de Larochejaquelein , qui s'y tenait cachée
depuis quelques jours. Il prend du repos , et au moment du
départ , cette dame courageuse , qui partageait la noble
résolution de son neveu , l'invite à combattre encore pour
la cause royale. « Si tu meurs, lui dit-elle , tu emporteras
» mes regrets et mon estime. »

Larochejaquelein reprend sa marche; mais entouré d'ennemis, les ruines de son propre château de Frubelières où il avait pris naissance, et que les républicains avaient brûlé, lui servirent de retraite pendant quelque temps. Son arrivée et le lieu qui lui servait d'asile furent bientôt connus. Un détachement de républicains vint fouiller le château : il ne se déroba à leur vue qu'en se tenant couché sur l'entablement des murs de la façade principale, qui ne s'étaient pas écroulés. Délivré encore de ce péril, et ayant appris que Charette est entré dans le Bas-Poitou, il vole auprès de ce général pour concerter avec lui de nouvelles opérations. Il fut reçu froidement, et lorsqu'ils se séparèrent, Charette dit à Larochejaquelein : « Je pars pour » Mortagne; si vous voulez me suivre, je vous ferai don- » ner un cheval.... — Moi, vous suivre ! répondit fière- » ment le général en chef de la Vendée, sachez que je suis » accoutumé à être suivi moi-même, et que c'est moi qui » commande ici. » En disant ces mots il s'éloigna, et le même jour huit cents hommes quittèrent Charette et vinrent reconnaître Larochejaquelein pour leur général.

Dans ce moment les républicains portaient le fer et le feu dans la Vendée, ce qui fit donner à leurs détachements le nom de *colonnes infernales*. La Rochejaquelein ne tarda pas à avoir trois engagements sérieux avec le général Cordelier, qui ne put cependant vaincre les royalistes. Mais les dangers se multipliant, et Larochejaquelein n'ayant pas assez de monde pour résister à des masses énormes, se mit sur la défensive dans la forêt de Vezin; il y fit construire des baraques, s'y cantonna, et établit sur la route de Cholet un poste composé des plus braves de sa petite armée. Pendant le reste de l'hiver il s'occupa à couper les communications des républicains, à enlever leurs patrouilles, leurs escortes, leurs munitions et leurs convois. Une circonstance imprévue vint grossir le nombre de ses guerriers. Il fit afficher dans toutes les paroisses un *ordre* trouvé sur un adjudant-général qu'on avait pris : cet ordre portait de donner des saufs-conduits aux paysans vendéens, de les saisir ensuite et de les fusiller. Les paysans, n'ayant plus de sûreté que dans leur propre défense, s'armèrent et accoururent auprès de Larochejaquelein.

A la tête d'une armée plus nombreuse il se met en campagne, menace les cantonnements républicains, et obtient quelques avantages sur le général Cordelier. La garnison de Cholet étant sortie pour aller brûler le village de Nouaillé, Larochejaquelein l'attaqua au moment où elle y mettait le feu... Hélas ! ce devait être le dernier combat de ce héros ! Une partie des Vendéens cerne les incendiaires, dont plusieurs périssent dans les flammes qu'ils viennent d'allumer ; d'autres Vendéens s'élancent sur les ennemis, et leur cavalerie en fait un massacre horrible. Larochejaquelein, en poursuivant les fuyards, aperçoit deux grenadiers cachés derrière une haie : « Rendez-vous, leur dit-il, » je vous fais grâce. » Ils se disposent à obéir ; le général veut les interroger et s'approche d'eux, malgré les représentations de ses officiers qui le suivent. On prononce son nom, et un des grenadiers se dévoue ; tandis que Larochejaquelein se penche de dessus son cheval pour se saisir de son arme, le grenadier l'ajuste et tire à bout portant ; la balle frappe le front du général, qui tombe et expire dans l'instant même (le 4 juin 1793), lorsqu'il n'avait pas encore atteint sa vingt-troisième année. Son meurtrier est massacré, mais les royalistes ont perdu leur chef et leur héros ! Son corps fut inhumé dans l'endroit même où il avait rendu le dernier soupir, et sa mort excita les regrets des royalistes et ceux des républicains.

En dix mois il avait remporté seize victoires avec les plus faibles moyens, et dans les circonstances les plus difficiles. On exhuma ses restes en 1815, et on les déposa dans l'église paroissiale de Cholet. Le 7 mai 1817 ils furent réunis à ceux de ses ancêtres, à Saint-Aubin

MASSÉNA (André)

Duc de Rivoli, prince d'Essling, naquit à Nice, le 6 mai 1758, d'une famille de commerçants, et selon quelques biographes d'un marchand de vin peu riche. Devenu orphelin dès sa plus tendre enfance, il tomba sous la tutelle d'un de ses parents, capitaine de vaisseau marchand, avec lequel il fit deux voyages sur mer. Dégoûté de la carrière de marin, le jeune Masséna entra, en 1775, à l'âge de 17 ans, dans le régiment de Royal-italien, dans lequel un de ses oncles paternels était capitaine, et où il obtint, au bout de quelque temps, le grade de caporal. Masséna, parvenu depuis au comble des honneurs militaires, racontait qu'aucune promotion ne lui avait causé plus de joie que celle qui marque si bas son point de départ.

Sa bonne conduite lui valut ensuite les grades de sergent et d'adjudant ; désespérant de monter au-delà, il prit, en 1789, son congé, après 14 ans de service, et se rendit à Antibes où il fit un mariage avantageux. Bientôt la révolution française, dont il embrassa les principes avec ardeur, réveilla ses inclinations militaires : il reprit du service en 1792, et fut nommé, par ses camarades du 5e bataillon du Var, adjudant-major, puis commandant. Le 22 août 1793 il devint général de brigade. Plein de bravoure et de talents naturels, il justifia par divers traits de courage et d'habiles manœuvres le choix que la république avait fait de lui.

Ses premiers exploits furent contre les Piémontais ; il les défit, le 24 novembre 1793, à Castel-Geneste, et s'empara de Fagaretto ; le 16 avril 1794 il battit un corps autrichien, se rendit maître, le 28, d'Orméa, et contribua puissamment, le 29 avril, à la victoire de Saorgio. Devenu

général de division , il commanda , en 1795 , l'aile droite
de l'armée ; et durant cette campagne , où la valeur
et l'activité des soldats français se déployèrent avec tant
d'énergie , Masséna assista à toutes les batailles , partagea tous les dangers, et eut part à tous les triomphes.

En 1796 s'ouvrit la fameuse campagne d'Italie. Masséna
y obtint un commandement ; le 13 mai , ce général était
déjà dans Milan , à la tête de l'avant-garde française , et
le 25 il s'était emparé de Vérone. Le 22 juin il se porta sur
Roveredo , et repoussa , après un combat très vif , les
avant-postes de Beaulieu. C'est à cette époque , et après
ce brillant succès , que Bonaparte le surnomma l'*Enfant
chéri de la victoire.*

Le 6 juillet il dirigea l'attaque sur les lignes autrichien-
nes , entre l'Adige et le lac de Garda , et vint à bout de les
emporter. Moins heureux le 29 , il se vit enlever le poste
important de la Corona , et fut repoussé le 2 août , pour
avoir voulu , d'après les ordres de son chef , attaquer Lo-
nato. Ces malheurs furent bientôt réparés par de nouveaux
succès : dans le cours du même mois il força le camp retranché de Peschiera , reprit les postes de la Corona , de
Montebaldo , de Rivoli , et enleva à l'ennemi une grande
quantité d'hommes et de canons. Le 4 septembre il contribua au gain de la bataille de Roveredo , à la prise
des lignes de Santo-Marco , et entra le lendemain dans
Trente.

Victorieux successivement à Bassano , à Vérone , au fort
de la Chiusa , à Tarvi , à Clagenfurth et en d'autres lieux ,
il acquit de nouveaux titres à la reconnaissance de la république et à la confiance du général en chef Bonaparte ,
qui le dépêcha à Vienne , chargé d'une mission relative à
la paix.

Masséna se rendit le 1er mais 1797 à Durlach , près de
l'archiduc Charles , s'entretint quelques instants avec lui ,
et continua sa route vers Paris , où il fut reçu avec l'en
thousiasme le plus vif. Le 18 mai , on lui donna dans l

salle de l'Odéon une fête qui fut terminée par un bal et un banquet de 800 couverts. Il n'en fallait pas tant pour exalter l'amour-propre et le patriotisme de Masséna : aussi le vit-on, au mois d'août de la même année, adresser au nom de sa division les plus vigoureuses adresses contre la majorité des conseils, qui, selon lui, sous le nom de faction *clichienne*, conspiraient ouvertement la ruine de la république.

Après les journées des 4 et 5 septembre 1797, Masséna fut un des candidats portés sur les listes pour remplacer Carnot et Barthélemy, qui venaient d'être exclus du Directoire exécutif. Au mois de février 1798, il fut chargé de l'invasion de Rome. Il était déjà en marche pour aller fondre sur les états de l'Eglise, que le caractère et la dignité de son souverain n'avaient pu soustraire à l'ambition de la république, lorsque les mécontentements qui éclatèrent dans son armée le forcèrent à rendre le commandement au général Dallemagne et à se retirer. Il publia un *mémoire justificatif*, resta quelque temps sans emploi, et reçut enfin, au mois de décembre 1799, le commandement en chef de l'armée d'Helvétie. Il fit preuve de talent dans diverses opérations. Il pénétra jusqu'aux Grisons, prit Coire, fit prisonnier le général Aufferberg, et fut obligé de rétrograder par la défaite de Jourdan, qui avait été battu sur le Danabe.

Chargé du commandement en chef des forces françaises en Allemagne, ils disputa pied à pied et par de savantes manœuvres toutes les positions de la Suisse à l'archiduc Charles, et mit enfin en pleine déroute, devant Zurich, l'armée russe commandée par Korsakow. Cette défaite entraîna la dissolution de la coalition et fit beaucoup d'honneur à Masséna. Suwarow, qui accourait au secours des siens, n'arriva que pour effectuer sa retraite et donner plus de lustre aux succès de son habile adversaire, qui, après avoir épuisé les forces des Russes, reprit le Saint-Gothard, Glaris et toutes les vallées.

Après tant de victoires, la république lui conféra, en 1800, le commandement de l'armée d'Italie. Il fut malheureux dans ce commandement, mais on lui doit la justice d'ajouter qu'il ne se laissa point abattre dans ses revers. Il fit, avec une poignée de soldats, manquant d'argent, de vivres, d'habits, de munitions, tout ce qu'il pouvait faire devant les forces imposantes de Mélas. Retiré dans Gênes, où il s'était retranché, on le vit, avec un corps de troupes affaiblies, repousser l'ennemi avec avantage, contenir un peuple immense sans cesse prêt à se révolter, et qui appelait de tous ses vœux les ennemis qui assiégeaient ses portes.

Frappé lui-même de la longue résistance de Masséna, le général Mélas lui en témoigna son admiration dans une lettre où il lui offrait une capitulation honorable, que le général français accepta le 2 juin 1800. Cette belle défense, en occupant la plus grande partie des troupes de Mélas, favorisa l'irruption de Bonaparte par le mont Saint-Bernard, et par suite sa victoire décisive de Marengo.

Après cette fameuse journée, Masséna fut investi du commandement en chef de l'armée; mais ses déprédation le firent remplacer par Brune, qui inspirait plus de confiance à Bonaparte. Lié d'amitié avec le fameux Fouché, Masséna trempa dans divers complots contre son rival, qui ne laissa pas, lorsqu'il fut porté sur le trône, de l'élever au grade de maréchal d'empire et de grand-officier de la Légion-d'Honneur. L'année suivante il prit le commandement de l'armée d'Italie, s'empara de Vérone au mois de septembre, poursuivit le prince Charles, et se joignit à la grande armée. Après la signature du traité de Presbourg, il reprit le commandement d'Italie, et conduisit à Naples Joseph Bonaparte, qui allait prendre possession de son royaume.

Les napolitains fidèles firent quelque résistance, dont il triompha par sa valeur et son activité. Bonaparte qui appréciait ses talents militaires, sans avoir pour lui une grande affection, crut avoir besoin de ses services, et lui donna, en 1807, le commandement du cinquième corps. Cette campagne, dans laquelle les généraux français et l'armée tout entière firent des prodiges si étonnants, contribua beaucoup à la gloire et à la fortune de Masséna, qui cueillit, en 1809, de nouveaux lauriers à Pfaffenhofen, à Ebersberg et en divers autres lieux. Il avait sauvé l'armée tout entière à Essling par sa fermeté, et contribué au succès de la bataille de Wagram. Le titre de prince d'Essling et des richesses immenses furent les récompenses de ses nombreux services.

En 1810, Masséna fut investi du commandement de l'armée destinée à la conquête du Portugal, que le général Junot et le maréchal Soult avaient envahi infructueusement. Malgré quelques succès passagers, il fut obligé d'abandonner le Portugal à Wellington. Ce fut alors qu'il commença à opérer une retraite dans laquelle il fit briller de nouveau ses talents militaires, qu'il avait semblé d'abord avoir oubliés. Il repoussa plusieurs fois l'ennemi, et gagna ainsi la frontière du Portugal, après des marches très pénibles, pendant lesquelles la mésintelligence qui régnait entre lui et le maréchal Ney, commandant son arrière-garde, dégénéra en animosité personnelle.

En abandonnant le Portugal et sa frontière, il encourut la disgrâce de son maître, qui le laissa dans l'inaction pendant les campagnes de 1812 et de 1813, et l'éloigna ensuite de Paris en lui conférant le commandement de la huitième division militaire. Masséna était à Toulon lorsque Louis XVIII entra en France en 1814; il arbora avec enthousiasme la cocarde blanche, reçut successivement la décoration de chevalier et de commandeur de Saint-Louis, et fut naturalisé français par le roi et la chambre des pairs. Lors du débarquement de Napoléon, en 1815, Masséna, d'abord immobile au milieu de l'agitation générale, créa des obstacles, persuada aux Marseillais de rester dans l'inaction, et laissa le temps à Bonaparte, qu'il aurait pu arrêter à Sisteron, d'arriver jusqu'à Grenoble. Le 10 avril suivant, il salua par une proclamation *le grand Napoléon*, et dans un rapport qu'il lui adressa le 14, il avança qu'il avait tout fait pour le servir.

Pendant les cent-jours, Masséna, nommé pair, resta étranger à tout service militaire. Après la bataille de Waterloo, il se rallia à Fouché dans la capitale, et servit puissamment son parti, qui était à la fois contraire à Bonaparte et aux Bourbons. Le gouvernement provisoire le mit à la tête de la garde nationale. Il ne fut ni inquiété ni recherché au second retour du roi. Nommé membre du conseil de guerre chargé de juger le maréchal Ney, il se récusa comme les autres maréchaux. Le 16 février 1816, il fut dénoncé pour ses rapines à la chambre des députés par les habitants des Bouches-du-Rhône, qui demandaient que l'on fît justice de la conduite du commandant de leur division, à l'époque du 20 mars 1815; mais cette dénonciation n'eut pas de suites. Ce maréchal publia un *Mémoire justificatif*, écrit avec modération, auquel il fut répondu par une *Lettre d'un Marseillais au maréchal Masséna*, attribuée au maire de Marseille de cette époque. Le maréchal Masséna mourut à Paris, le 4 avril 1817. Ses restes ont été déposés au cimetière de l'Est, où un obélisque en marbre blanc a été élevé en son honneur, avec cette seule inscription : *Masséna*.

MASSILLON (Jean-Baptiste)

Fils d'un notaire d'Hyères, en Provence, naquit le 24 juin 1663, et entra dans la congrégation de l'Oratoire en 1681. Il fit ses premiers essais de l'art oratoire à Vienne en Dauphiné, pendant qu'il professait la théologie. L'*Oraison funèbre* de Henri de Villars, archevêque de cette ville, obtint tous les suffrages. Ce succès engagea le père de la Tour, alors général de sa congrégation, à l'appeler à Paris. Lorsqu'il y eut fait quelque séjour, il lui demanda ce qu'il pensait des prédicateurs qui brillaient sur ce grand théâtre : *Je leur trouve*, répondit-il, *bien de l'esprit et du talent ; mais, si je prêche, je ne prêcherai pas comme eux.* Il tint parole : il prêcha, et il s'ouvrit une route nouvelle.

Le père Bourdaloue fut excepté du nombre de ceux qu'il ne se proposait point d'imiter. S'il ne le prit pas en tout pour son modèle, c'est que son génie le portait à un autre genre d'éloquence. Bourdaloue, comme un conquérant redoutable, entraîne, subjugue, force de se rendre aux armes de la raison ; Massillon, comme un négociateur habile, procède avec moins de rapidité, mais avec plus de douceur (1). L'un s'adresse à l'esprit et le domine ; l'autre s'attache à l'âme, la captive et l'attendrit. Le premier a la dignité, la force et le feu continu de Démosthènes ; le second, l'adresse et l'art de Cicéron. Après avoir prêché son premier Avent à Versailles, il reçut cet éloge de la bouche même de Louis XIV : « Mon père, quand j'ai entendu les » autres prédicateurs, j'ai été très content d'eux. Pour vous, » toutes les fois que je vous ai entendu, j'ai été très mé- » content de moi-même. » En 1704, le père Massillon parut pour la seconde fois à la cour, et y parut encore plus éloquent que la première.

Les éloges flatteurs qu'il y recueillit n'altérèrent point sa modestie. Un de ses confrères le félicitant sur ce qu'il venait de prêcher admirablement, suivant sa coutume *Eh ! laissez, mon père*, lui répondit-il, *le diable me l'a déjà dit plus éloquemment que vous.* Son esprit de conciliation le fit choisir dans les affaires de la Constitution, pour raccommoder le cardinal de Noailles avec le Saint-

(1) Voir Bourdaloue, plus haut, page 36.

Siége : il ne négligea rien pour lui persuader l'indispensa
ble nécessité d'acquiescer aux décrets du souverain pontife
acceptés de l'Eglise universelle ; mais le temps où le cardinal devait être persuadé n'était pas encore venu.

Le régent le nomma, en 1717, à l'évêché de Clermont.
Destiné l'année suivante à prêcher devant Louis XV, qui
n'avait que 9 ans, il composa ces discours si connus sous
le nom de *Petit Carême*, qu'on regarde communément
comme son moindre ouvrage. On souhaiterait que les ornements y fussent moins prodigués, les répétitions et les
paraphrases plus rares. Mais les circonstances peuvent servir à excuser ces défauts. L'abbaye de Savigny ayant va-
qué, le cardinal Dubois la lui fit accorder. L'oraison funèbre
de la duchesse d'Orléans, en 1723, fut le dernier discours
qu'il prononça à Paris. Depuis, il ne sortit plus de son
diocèse, où sa douceur, sa politesse et ses bienfaits lui
avaient gagné tous les cœurs. En deux ans il fit porter
secrètement 20,000 livres à l'Hôtel-Dieu de Clermont. Il se
faisait un plaisir de rassembler des oratoriens et des jésuites à sa maison de campagne, et de les faire jouer ensemble. Son diocèse le perdit en 1742; il était âgé de 79 ans.
Le caractère de son éloquence est un ton simple, noble,
intéressant, affectueux, naturel ; un style pur, correct,
élégant, qui pénètre l'âme sans la contraindre ni l'agiter.
« Massillon, dit l'abbé Maury, a rarement des traits su-
» blimes ; mais s'il est au-dessous de sa propre renommée
» comme orateur, il est sans doute au premier rang comme
» écrivain, et nul n'a porté le mérite du style à un plus
» haut degré de perfection : il s'est occupé de cette partie
» de l'éloquence jusqu'à la fin de ses jours. On trouva dans
» son portefeuille, après sa mort, douze éditions de ses
» Sermons qu'il retouchait sans cesse depuis sa promotion
» à l'épiscopat, et qui par conséquent n'ont jamais été
» prononcés en chaire tels que nous les lisons aujourd'hui.
» Massillon avait conservé dans sa vieillesse toute la pu-
» reté de son goût ; mais il avait perdu toute la vivacité de

» son imagination, et il travaillait beaucoup plus alors le
» style que le fond de ses discours ; aussi ne voulut-il ja-
» mais revenir à son *Petit Carême*, qu'il avait écrit d'abord
» avec plus de soin ; et je ne crois point attaquer la gloire
» de l'immortel Massillon, je pense au contraire lui rendre
» ici un nouvel hommage, en osant avancer que ce *Petit*
» *Carême*, cité longtemps comme son chef-d'œuvre, me
» paraît l'une de ses plus faibles productions oratoires.
» Tous les plans de Massillon se ressemblent ; et outre cette
» monotonie dont on est frappé quand on lit ses sermons
» de suite, il s'y borne ordinairement à combattre les
» prétextes, et n'entre peut-être pas assez avant dans le
» fond de ses sujets... Souvent cet excellent auteur, trompé
» par sa fécondité, ne nourrit point assez d'idées son style
» enchanteur, et il perdrait beaucoup, sans doute, s'il
» était jugé sur cette maxime de Fénelon : *Un bon discours*
» *est celui où on ne peut rien retrancher sans couper dans*
» *le vif.* Quelquefois ses raisonnements sont dénués de la
» justesse, de la force, peut-être de la gravité qu'il était si
» digne de leur donner. »

« Les *Oraisons funèbres*, dit l'auteur des *Trois Siècles*
» *de la littérature*, sont la partie la plus faible. On peut
» dire que Massillon, avec tout l'appareil de l'éloquence,
» y est moins éloquent que partout ailleurs. Quelques-uns
» des sujets qu'il a traités étaient propres à lui fournir le
» grands traits. Il paraît avoir méconnu et le ton qui leur
» convenait, et les grandes ressources par lesquelles il
» pouvait les faire valoir. L'oraison funèbre du prince de
» Conti sent le rhéteur ; elle offrait cependant au grand
» peintre mille tableaux intéressants. »

MICHEL-ANGE,

Peintre, sculpteur, architecte.

Né le 6 mars 1474, au château de Caprése, territoire d'Arezzo, de l'illustre famille des comtes de Canossa, Michel-Ange annonça de bonne heure ce qu'il serait un jour. Après avoir pris quelques leçons de David Ghirlandaïo, faute de maîtres capables de lui en montrer, il fut obligé de faire un appel à son propre génie, se mit à étudier dans la chapelle *del Carmine* les peintures de Masaccio, et ne tarda pas à surpasser ceux qu'on lui donnait pour rivaux.

Étonné de son habileté, Laurent de Médicis lui offrit un logement dans son palais. Après la mort de son protecteur, Michel-Ange vint demeurer dans le couvent du Saint-Esprit, où le prieur l'avait appelé pour faire un crucifix en bois. Ce fut là qu'il étudia l'anatomie.

Les Médicis ayant été expulsés de Florence, Michel-Ange se rendit à Venise, et de là à Bologne, où il sculpta, pour le tombeau de saint Dominique, la figure de saint Pétrone et un ange tenant un candélabre (1494).

Après un voyage à Rome, fait sur les instances du cardinal de Saint-Georges, Michel-Ange, rappelé à Florence par des affaires de famille, y composa la statue colossale de David, et fit paraître son tableau de la sainte famille et le grand carton de la guerre de Pise. Ce carton n'existe plus; mais Raphaël y puisa, dit-on, les leçons de Michel-Ange.

Jules II, à son élévation au suprême pontificat, appela Michel-Ange près de lui (1503), et lui proposa de peindre à fresque la chapelle Sixtine. Michel-Ange accepte, fait

venir de Florence les peintres les plus habiles dans ce
genre ; mais après s'être convaincu de leur ignorance,
il les congédie ; il s'enferme seul dans la chapelle où il ne
permet à personne d'entrer. On assure qu'il broyait lui-
même ses couleurs. La moitié de ce grand ouvrage était
à peine achevé qu'on exigea qu'il enlevât les échafauds ;
il obéit à regret. La vue de ce chef-d'œuvre excita l'admiration, et pour la seconde fois Michel-Ange devint le modèle de Raphaël. L'autre moitié de la voûte restait à peindre. Bramante supplia le pape d'en charger Raphaël, mais
Jules II fut sourd à ses prières, et Michel-Ange eut ordre
de continuer. Ce magnifique travail, que Sudre nous a rendu
dernièrement dans sa belle lithographie d'après Ingres, re-
présentant la chapelle Sixtine, fut terminé en moins de
deux ans, et valut à Michel-Ange honneurs et richesses.

Sur ces entrefaites Jules II mourut. Léon X, son successeur, envoya Michel-Ange à Florence pour bâtir la façade
de l'église Saint-Laurent. La mort de ce pape vint encore
arrêter ce travail.

Ce fut en 1514 que Michel-Ange devint architecte. Clément VII lui ordonna de construire à Florence la bibliothèque et la sacristie de l'église Saint-Laurent. Dans le
même temps, il faisait placer à Rome, dans l'église de la
Minerve, le Christ embrassant la croix. Le sac de Rome et
l'expulsion des Médicis lui ouvrirent une nouvelle carrière
de gloire. On le chargea de fortifier Florence, et il la mit
en état de soutenir un siége d'un an.

Après la prise de Florence, Michel-Ange se retira à
Venise. Clément XII le rappela à Rome. Ce fut alors qu'il
donna la peinture du *Jugement dernier*. Quelque temps
après, Paul III lui ordonna de décorer la chapelle Pauline ;
et après la mort de Bramante et de San-Gallo, il le
nomma architecte de Saint-Pierre, avec un traitement de
six cents écus romains. Michel-Ange refit le plan de la Basilique, et, à force d'art et de génie, il éleva enfin cette
vaste coupole.

On attribue à Michel-Ange d'autres petits travaux d'architecture : *la porta del Popolo*, *la porta Pia*, et la restauration des *Thermes de Dioclétien*.

Une fièvre lente emporta Michel-Ange, le 17 février 1564. Peintre, sculpteur, architecte, partout il montra la supériorité de son génie. Il cultiva les lettres. Ses poésies lui assignent un rang honorable parmi les écrivains de son siècle. Michel-Ange se peignit tout entier dans la réponse qu'il fit au sujet d'un sculpteur qui avait mis tous ses soins à copier des statues antiques. « Celui, dit-il, qui s'habitue à suivre n'ira jamais devant ; et qui ne sait pas faire bien de soi-même ne saurait profiter du bien des autres. » Vérité incontestable, et dont le servile troupeau des imitateurs vient chaque jour nous démontrer la justesse.

MONGE (Gaspard),

Créateur de la géométrie descriptive, et l'un des fondateurs de l'école Polytechnique, naquit à Beaune en 1746. Son père, simple marchand forain, ne négligea rien, malgré son peu de fortune, pour donner à son fils une bonne éducation. Monge était l'aîné de trois frères qui embrassèrent tous la carrière des sciences (1). Après avoir fait ses études mathématiques chez les Oratoriens de Beaune, puis à Lyon, il fut jugé digne, à l'âge de seize ans, de professer la physique dans leur congrégation. Les vacances l'ayant amené au sein de sa famille, il conçut et exécuta le projet de tracer le plan de la ville de Beaune. Malgré le

(2) L'un des deux plus jeunes succéda depuis à Gaspard dans la place d'examinateur de la marine ; l'autre est mort professeur d'hydrographie à Anvers.

petit nombre et l'imperfection des instruments qu'il avait à sa disposition, il termina son travail qu'il dédia à sa ville natale. Cet ouvrage lui valut la recommandation d'un officier supérieur qui, frappé de l'élégante précision du travail, le fit entrer à l'école du génie de Mézières ; toutefois il ne fut admis dans cet établissement, ouvert seulement aux jeunes gens qui appartenaient aux conditions élevées de la société, que comme dessinateur attaché à l'école des appareilleurs et conducteurs des travaux de fortification.

Dans cette position, Monge était peu flatté des succès qu'il devait à la dextérité de sa main plutôt qu'à la supériorité de son intelligence. Cependant, comme on le connaissait bon mathématicien, le commandant de l'école l'ayant chargé de faire les calculs pratiques d'une opération de défilement, Monge s'en acquitta en inventant une méthode plus prompte et aussi exacte que celle qu'on avait suivie jusqu'alors. Le jeune géomètre, mieux apprécié, fut employé à des opérations non moins difficiles, qu'il exécuta avec le même succès. Ces preuves de talent l'ayant mis en réputation, le célèbre Bossut, alors professeur de mathématiques à Mézières, le demanda pour son suppléant. Monge obtint, peu de temps après, la même place pour les sciences physiques auprès de l'abbé Nollet, qu'il remplaça l'année suivante, quoiqu'il n'eût que vingt ans.

Ce fut pour lui l'occasion d'une foule d'expériences curieuses sur les gaz, l'attraction moléculaire, les effets d'optique et l'électricité, de déductions fines sur la météorologie, et de la découverte importante de la production de l'eau par la combustion de l'air inflammable. Prévenu, mais sans le savoir, par Cavendish, il poursuivit avec une attention scrupuleuse ce phénomène dans lequel il assigna la part du calorique et de la lumière. Cependant Monge étendait et généralisait toujours ses premiers essais mathématiques ; et partant du principe qui rapporte à trois coordonnées rectangulaires la position d'un point quelconque pris dans l'espace, il en fit le fondement d'une doctrine neuve et féconde, indispensable à tous les arts de construction, et qui, complétée par des développements successifs, a reçu le nom de *Géométrie descriptive*. Cet ensemble de méthodes simples et uniformes se trouvait en conflit avec des pratiques incohérentes mais consacrées par la tradition, et Monge rencontra une longue et forte opposition pour faire passer ses heureuses innovations dans l'enseignement de l'école. Il publia plusieurs *Mémoires sur le calcul intégral*, qui le firent nommer d'abord correspondant de l'Académie des sciences, dont il devint membre en 1780.

La même année il fut adjoint à Bossut, nommé professeur du cours d'hydrodynamique établi au Louvre par Turgot, et il donna en même temps des cours de mathématiques transcendantes, dans lesquels il eut pour élèves Lacroix et Gay de Vernon. Obligé d'opter entre Paris et Mézières, il se détermina pour cette dernière ville, où Carnot, Coulomb, Meusnier, Tinseau, etc., furent aussi ses élèves. Il la quitta définitivement en 1783, ayant été nommé examinateur de la marine à la place de Bezout. Le maréchal de Castries l'ayant pressé de refaire les éléments de Bezout, où le défaut de la prolixité se réunissait au mérite de la clarté, Monge s'y refusa pour ne pas frustrer la veuve de Bezout du seul moyen d'existence qu'elle eût conservé ; il composa seulement pour les élèves de la marine son *Traité de statique*. Lors de la formation du Lycée, il y fut nommé professeur de physique. Monge avait adopté les principes de la révolution ; après le 10 août, il fut nommé ministre de la marine, et chargé provisoirement du portefeuille de la guerre par l'influence de Condorcet. Ce fut en qualité de ministre, et par conséquent comme membre du pouvoir exécutif, qu'il signa, le 19 janvier 1793, l'ordre de mettre à exécution le jugement de Louis XVI. On assure que sa participation à ce funeste événement lui causa dans la suite d'amers regrets. Il sauva son prédécesseur au ministère, M. Dubouchage, qu'il éloigna de Paris, et lui confia un grade qui le remettait en activité de service. Monge s'aperçut enfin qu'un savant se trouvait déplacé au milieu de l'acharnement des factions, et il donna sa démission au mois d'avril 1793. Alors les jacobins l'accusèrent d'avoir abandonné son poste et d'être du parti des *Girondins*; ces accusations n'eurent pas de suite.

Lorsque la guerre était déclarée à la France par les puissances de l'Europe, il rendit d'importants services à son pays; ce fut lui qui, avec Berthollet, Vandermonde et plusieurs autres savants, créa comme par enchantement les armes et les munitions nécessaires; ils dirigèrent ensemble les salpêtrières, les poudrières, les fonderies de canons, etc.; et au moment où la république semblait dépourvue de tout moyen de défense, elle se trouva bientôt sur un pied de guerre redoutable. Dans des temps un peu plus calmes, on établit l'école normale, dont Monge fit partie, et c'est alors qu'il put faire adopter sa *Géométrie descriptive*, éminemment utile pour le perfectionnement de la main-d'œuvre dans les arts, la simplification des machines, etc. Sa nouvelle doctrine embrassait la charpenterie, la coupe des pierres, le défilement, la perspective linéaire et la distribution de la lumière et des ombres. Il donna peu de développement à ces avantages, et en ajouta de nouveaux dans l'école Polytechnique, qu'il fonda, secondé par Berthollet, Guyton-Morveau et les députés Carnot, Fourcroy et Prieur. Chargé, en 1796, par le Directoire, d'aller recueillir les chefs-d'œuvre dont Bonaparte avait dépouillé l'Italie, il facilita, par des moyens mécaniques de son invention, le déplacement de ces objets.

L'année suivante il vint, avec le général Berthier, apporter au Directoire le traité de Campo-Formio que Bonaparte avait conclu avec l'Autriche en 1798. Il suivit ce général en Egypte avec Berthollet et d'autres savants, et fut le premier à observer dans le désert le *mirage*, phénomène qui se produit dans ces contrées qu'un soleil brûlant rend arides: Monge en assigna les causes et en décrivit les effets. Tous les monuments de l'antique Egypte furent soumis par lui à un scrupuleux examen : les pyramides, l'obélisque, les ruines d'Héliopolis, les débris historiques épars dans la Basse-Egypte, les mékias, puits destinés à mesurer les eaux du Nil et construits par le calife Al-Mamountji.

Il fut nommé président de l'Institut fondé au Caire par Bonaparte, et, lors de la révolte de cette ville, Monge, à la tête des autres savants, défendit l'épée à la main ce dépôt des sciences africaines : c'est la tâche la plus difficile qu'eurent à remplir ces savants pendant leur séjour en Egypte. S'étant ensuite rendu à Suez, il chercha les vestiges du canal qui devait communiquer par le Nil à la mer Rouge. De retour en France, il fut chargé de coordonner les *Mémoires* sur l'Egypte rédigés par lui et par ses collègues. Tous les honneurs l'attendaient à Paris. Nommé d'abord membre du sénat, Napoléon lui donna ensuite la sénatorerie de Liége, avec le titre de comte de Péluse. Il le décora peu de temps après du grand cordon de la Légion-d'Honneur et de l'ordre de la Réunion : il lui assigna une dotation en Westphalie ; enfin il lui fit présent, en 1813, d'une somme de 200,000 livres.

Les désastres de Moscou, et surtout la chute de Bonaparte, affligèrent vivement Monge. La dissolution de l'école Polytechnique porta le dernier coup à sa santé, coup auquel vinrent se joindre le décret de bannissement contre les conventionnels qui avaient signé la mort de Louis XVI, et sa radiation de l'Institut. Des attaques répétées d'apoplexie avaient ébranlé son tempérament encore robuste, et il mourut le 28 juillet 1818, âgé de 72 ans, laissant un grand nombre d'opuscules sur toute espèce de sciences.

PALISSY (Bernard),

Potier.

Bernard Palissy, peintre, sculpteur, naturaliste, hydraulicien, et l'inventeur ou plutôt l'introducteur en France de la poterie de terre émaillée, connue depuis sous le nom de faïence, est un exemple remarquable de ce que peut un homme de génie sans culture, mais armé d'une volonté ferme et persévérante.

Né à Agen, vers 1500, Bernard Palissy exerçait dans cette ville la profession de peintre sur verre, à laquelle il ajoutait la pratique du dessin, de la géométrie et de l'arpentage. Ces diverses professions, peu lucratives, et qui souvent le laissaient sans occupation, permettaient à son imagination de se livrer aux idées spéculatives vers lesquelles il était naturellement porté, lorsqu'un heureux hasard vint lui donner un aliment réel. Une coupe en terre émaillée, qui n'était probablement autre chose qu'une faïence italienne, tomba entre ses mains ; dès lors Bernard Palissy rêva la réalisation d'un vase semblable, et rien ne lui coûta pour arriver à ses fins.

Marié et père de deux enfants, soudain il abandonne l'état qui assurait son existence et celle de sa famille. Il prend alors des tessons de terre, les couvre de compositions qu'il prépare avec soin, et tantôt va chez les potiers, tantôt chez les verriers pour essayer ses émaux à leurs fours ; puis seul, sans aide, il construit lui-même ses fours. Toutes ses tentatives sont infructueuses, mais le moindre succès ranime ses espérances ; de nouvelles déceptions l'accablent. Il rencontre des obstacles imprévus : la peine, la dépense, la misère et la maladie semblent le poursuivre à la fois ; dans son atelier il est sans succès, dans le monde il est bafoué, dans sa maison il éprouve de nouvelles persécutions ; la nature même de ses travaux le fait soupçonner de magie et de fabrication de fausse monnaie.

Cependant au milieu de toutes ces traverses son courage se fortifie ; pendant vingt années il lutte contre la fortune ; il touche enfin au moment où le succès va couronner ses efforts, lorsqu'un potier qu'il s'était attaché le quitte brusquement en réclamant son salaire. Bernard Palissy, sans ressources, sans crédit, lui abandonne en paiement ses propres vêtements. Mais alors c'est le bois qui vient à lui manquer pour la cuisson de l'essai auquel sont attachées ses dernières espérances. Il emploie d'abord les treillages de son jardin ; mais cet aliment ne suffisant pas à l'entretien du feu, Bernard Palissy ne balance pas à précipiter dans le foyer, d'abord ses meubles, puis successivement les portes, les fenêtres et le plancher même de sa maison. Il est ruiné, mais le succès a couronné ses efforts dont le résultat est cette belle poterie aux formes si gracieuses, aux couleurs si brillantes, aux arabesques si délicates et si variées, qui d'abord servit d'ornements aux palais des grands, lui obtint leur protection et lui valut le brevet d'*inventeur des rustiques figurines du roi*, ainsi que le surnom de *Bernard des Tuileries*, où le roi Henri II lui donna un logement.

Les poteries de Bernard Palissy sont recherchées par les amateurs et les artistes avec un empressement égal à leur rareté. Le château de Madrid, que l'on avait construit dans le bois de Boulogne par ordre de François Ier, était extérieurement orné de ses plus belles faïences ; la grande cour du château Saint-Germain-en-Laye renfermait aussi des tableaux de la même nature.

Le génie actif de Bernard Palissy ne s'arrêta pas à cette première découverte : il embrassa avec non moins de bonheur d'autres connaissances.

A Paris, avec le seul guide que ses observations diverses, ses essais sur les terres et les émaux lui avaient donné

sans aucune notion de grec et de latin, il parvint à faire,
en présence des plus habiles physiciens de son temps, un
cours d'histoire naturelle dans lequel, avec une sagacité
merveilleuse, il exposa ses idées sur toutes les espèces de
terre et d'eaux de rivières, fontaines et puits ; et examina
les sources d'eaux salées et minérales, les montagnes, les
stalactites, les argiles, les marnes, les métaux et les
fossiles.

Fanatique prosélyte de Calvin, Bernard Palissy fut
traîné en prison d'où il ne serait sorti que pour marcher
au supplice, si le connétable de Montmorency, son protecteur, n'eût promptement conjuré l'orage en présentant
un placet à la reine-mère, qui obtint du roi l'ordre de le
rendre à la liberté.

Bernard Palissy, après avoir consigné ses observations
scientifiques dans divers ouvrages, remarquables par la
naïveté et la lucidité de leur rédaction, mourut à l'âge de
quatre-vingt-dix ans, en 1580.

La misère, qui avait présidé aux commencements de sa
vie de travail et de recherches, lui avait fait adopter pour
devise :

Povreté empesche les bons espritz de parvenir.

Cette devise a son côté vrai ; mais Bernard Palissy n'a-
t-il pas prouvé mieux encore l'infaillibilité de cet adage :
Labor improbus omnia vincit !

Il n'était donc, de sa part, que l'expression des maximes
protestantes si identiques, comme on le sait, des erreurs
du socialisme.

RACINE (Jean),

Un des plus beaux génies du siècle de Louis XIV, et peut-
être le poète tragique le plus parfait qui ait jamais paru

naquit à la Ferté-Milon, d'une famille noble, le 21 décembre 1639, l'année même où Corneille, âgé de 33 ans, faisait représenter *Horace* et *Cinna*. Orphelin de père et de mère dès l'âge de 3 ans, il fut élevé d'abord à Beauvais, puis à Paris, au collége d'Harcourt, et enfin à Port-Royal-des-Champs, où Marie des Moulins, sa grand'mère, s'était retirée.

Son goût dominant était pour les poètes tragiques. Il allait souvent se perdre dans les bois de l'abbaye, un *Euripide* à la main : il cherchait dès lors à l'imiter. Il cachait des livres pour les dévorer à des heures indues. Après avoir terminé sa philosophie au collége d'Harcourt, il débuta par une *Ode* sur le mariage de Louis XIV. Cette pièce, intitulée *la Nymphe de la Seine*, lui valut une gratification de cent louis et une pension de 600 livres. Le ministre Colbert obtint pour lui l'une et l'autre de ces grâces. Racine composa, vers la fin de 1663, une autre ode ayant pour objet de célébrer le rétablissement des trois académies, et intitulée la *Renommée aux Muses*, qui lui valut une nouvelle gratification, et, ce qui était pour lui d'un bien plus grand avantage, lui fournit l'occasion de se lier avec Boileau.

Ces succès le décidèrent à se livrer à la poésie. *Alexandre* fut suivi d'*Andromaque*, jouée en 1668. La comédie des *Plaideurs*, la même année, eut du succès, à raison des allusions où l'on reconnut divers personnages, et des anecdotes qui avaient été l'objet de la conversation des Parisiens ; ce n'était du reste qu'une imitation des des *Guépes* d'Aristophane ; *Britannicus* parut en 1690. *Bérénice*, jouée l'année d'après, n'est qu'une pastorale héroïque ; elle manque de ce grand intérêt et de ce terrible, les deux grands ressorts de la tragédie. Racine prit un essor plus élevé, en 1672, dans *Bajazet*. *Mithridate*, joué en 1673, est plus dans le goût du grand Corneille. *Iphigénie* ne parut que deux ans après (en 1675), et mérita le même reproche que les précédentes. *Phèdre* fut jouée en 1677, deux jours avant

la représentation du même sujet traité par Pradon. Le plan
des deux pièces est à peu près de la même contexture :
mêmes personnages, mêmes situations, même fonds de
sentiments et de pensées; mais c'est lorsque les deux auteurs se rencontrent de plus près qu'on sent davantage la
supériorité du talent.

Cependant Pradon, soutenu par les ennemis de Racine,
attira tout Paris à sa pièce, tandis que celle de son rival
fut couverte de huées et de ridicule. Racine, dégoûté de la
carrière du théâtre, semée de tant d'épines, résolut de se
faire chartreux. Son directeur, qui connaissait l'incon-
stance de son caractère, lui conseilla de s'arracher au
monde et au théâtre plutôt par un mariage chrétien
que par une entière retraite. Il épousa, quelques mois
après, la fille du trésorier de France d'Amiens. La même
année de son mariage, en 1677, Racine fut chargé d'écrire
l'histoire de Louis XIV, conjointement avec Boileau. Cette
histoire n'a jamais paru; le manuscrit en a péri dans l'in-
cendie de la bibliothèque de M. de Valincourt. Il en a
échappé, dit-on un fragment qui a été publié en 1784.
Ce fragment ne donne pas une grande idée de l'ouvrage,
et n'offre dans le fait qu'un *Eloge historique*, titre sous
lequel il a paru. On y admire tout, on y exalte tout.
« Tant il est vrai, dit un critique, qu'on ne peut jamais
» écrire l'histoire pendant la vie des rois, surtout lors-
» qu'ils sont venus à bout de subjuguer les esprits, comme
» comme avait fait Louis XIV. On doit se borner alors à re-
» cucillir les faits par ordre chronologique, et l'on n'est
» pas en droit d'en attendre davantage des historiographes
» contemporains. » La religion avait enlevé Racine à la
poésie; la religion l'y ramena. Madame de Maintenon le
pria de faire une pièce sainte, qui pût être jouée à Saint-
Cyr : il en fit deux, *Esther* et *Athalie*; mais ces tragédies,
quoique d'une grande beauté, et vrais chefs-d'œuvre de la
scène française, ne furent pas reçues avec le même enthousiasme que les précédentes : nouvelle preuve des vrais

motifs qui produisent l'attachement aux spectacles, toujours faible lorsque la corruption du cœur ne le fortifie pas. On disait « que c'était un sujet de dévotion propre » à amuser les enfants. »

Racine jouissait alors de tous les agréments que peut avoir un bel-esprit à la cour. Il était gentilhomme ordinaire du roi qui le traitait en favori, et qui le faisait coucher dans sa chambre pendant ses maladies. Ce monarque aimait à l'entendre parler, lire, déclamer. Tout s'animait dans sa bouche, tout y prenait une âme, une vie. Sa faveur ne dura pas, et sa disgrâce hâta sa mort. Madame de Maintenon, touchée de la misère du peuple, avait demandé à Racine un *Mémoire* sur ce sujet intéressant. Le roi le vit entre les mains de cette dame, et fâché de ce que son historien se mêlait de son administration, il lui défendit de le revoir en lui disant : *Parce qu'il est poète, veut-il être ministre ?* Des idées tristes, une fièvre violente, une maladie dangereuse, furent la suite de ces paroles.

Racine mourut le 29 juin 1699, à 60 ans, d'un petit abcès dans le foie. Tant il y a de distance *entre* les ornements de l'esprit et la force de l'âme ; entre la culture des lettres et les sentiments de la véritable grandeur, qui sent si vivement son indépendance des cours et des rois, et qui en jouit si bien ! Racine était d'une taille médiocre, sa figure était agréable, son air ouvert, sa physionomie douce et vive. Il avait la politesse d'un courtisan et les saillies d'un bel-esprit. Son caractère était aimable, mais il passait pour faux ; et avec une douceur apparente il était naturellement très caustique. Plusieurs épigrammes, un grand nombre de couplets et de vers satiriques, qu'on brûla à sa mort, prouvent la vérité de ce que répondit Despréaux à ceux qui le trouvaient trop malin : *Racine*, disait-il, *l'est bien plus que moi*. Les défauts de ce poète furent effacés en partie par de grandes qualités.

SALLE (Jean-Baptiste de la),

Fondateur des Ecoles chrétiennes,

Né à Reims en 1651, se distingua dès son enfance par sa piété, embrassa l'état ecclésiastique, prit le bonnet de docteur en théologie, à Paris, et se dévoua dans sa patrie à l'éducation de la jeunesse. Il y établit, en 1679, des écoles gratuites, logea les maîtres dans sa maison, dirigea ce nouvel institut, auquel il donna de sages règlements. On sentit bientôt l'utilité de cet établissement ; plusieurs villes s'empressèrent de demander de ses instituteurs. Il établit un noviciat d'abord à Reims, puis à Paris, ensuite à Rouen.

En 1684 il distribua son patrimoine aux pauvres, et se livra tout entier à consolider sa congrégation naissante, qui s'étendit avec rapidité. En 1717 il se démit de la place de supérieur, et ne songea plus qu'à se préparer à la mort. Il mourut à Rouen, en 1719. L'abbé de la Salle a laissé plusieurs ouvrages à l'usage des écoles des frères. Son institut fut approuvé par Benoît XIII, sous le nom de *Frères des écoles chrétiennes.*

TURENNE (Henri de la TOUR D'AUVERGNE, vicomte de),

Maréchal-général des camps et armées du roi de France, colonel-général de la cavalerie légère, était second fils de Henri de la Tour d'Auvergne, duc de Bouillon, et d'Elisa-

beth de Nassau, princesse d'Orange. Il naquit à Sedan, le 16
septembre 1611. On l'envoya apprendre le métier de le
guerre sous le prince Maurice de Nassau, son oncle mater
nel, un des plus grands généraux de son siècle.

Après s'être formé dans cette école, il fut mis à la têt.
d'un régiment français, avec lequel il se distingua, en 1634,
au siége de la Motte, ville de Lorraine. Chargé, en 1637, de
réduire Solre-le-Château, dans le comté de Hainaut, il
l'attaqua si vivement, qu'en peu d'heures il réduisit une
garnison de 2,000 hommes à se rendre à discrétion. Après la
prise de Brisach, en 1638, il fut envoyé en Italie en 1639.
Il fit lever le siége de Casal, et servit beaucoup à celui de
Turin, que le maréchal d'Harcourt entreprit par son conseil. Il ne se signala pas moins à la conquête du Roussillon
en 1642, et en Italie en 1643. Il avait été fait maréchal-de-
camp à vingt-trois ans, et il obtint le bâton de maréchal de
France à trente-deux, en 1644, après avoir servi dix-sept
ans sous différents généraux.

Ce fut alors qu'on lui confia le commandement de l'armée
d'Allemagne, qui manquait de chevaux et d'habits; il la
mit en état à ses dépens. Il passa le Rhin avec 7,000 hommes, et défit le frère du général Merci. Il eut le malheur
d'être battu, au combat de Mariendal, l'an 1645; mais la
bataille de Nortlingue, gagnée trois mois après par le duc
d'Enghien, secondé de Turenne, répara cette défaite. Ce
fut cette même année qu'il rétablit l'électeur de Trèves dans
ses états; l'année suivante il fit la jonction de l'armée de
France avec l'armée suédoise, commandée par le général
Wrangel, après une marche de cent quarante lieues, et
obligea le duc de Bavière à la neutralité; mais il reçut
bientôt ordre de la rompre : il publia contre lui une dé-
claration de guerre, le défit à la bataille de Zumartshausen,
et le chassa de ses états en 1648.

La guerre civile commença à éclater alors en France.
Le duc de Bouillon l'engagea dans le parti du parlement;
mais, las de combattre contre son roi, il passa en Hollande,
d'où il revint en France, dans le dessein de servir la cour.

Mazarin lui ayant refusé le commandement de l'armée d'Allemagne, il se tourna du côté des princes, et fut sur le point de les tirer de leur prison de Vincennes. On lui opposa le maréchal du Plessis-Praslin, qui le battit en 1650, près de Rethel. Il fit sa paix avec la cour en 1651. Devenu général de l'armée royale, il empêcha les troupes de Condé de passer la Loire sur le pont de Gergeau. Il poursuivit ce prince jusqu'au faubourg Saint-Antoine, où il l'attaqua, et il allait le suivre jusque dans Paris, si Mademoiselle de Montpensier n'eût fait tirer sur l'armée du roi le canon de la Bastille, qui l'obligea de faire retraite.

L'année 1654 il fit lever le siège d'Arras aux Espagnols, prit la ville de Condé, Saint-Ghislain et plusieurs autres places en 1655. L'année suivante, il fit une retraite honorable au siège de Valenciennes, il se rendit maître ensuite de la Capelle. La prise de Saint-Venant et du fort de Mardick furent ses exploits de l'an 1657, avec Cromwell, protecteur de l'Angleterre. Les Espagnols furent défaits aux Dunes, et cette victoire fut suivie de la prise de Dunkerque, d'Oudenarde, d'Ypres, et, en 1659, de la paix des Pyrénées entre l'Espagne et la France.

La guerre s'étant renouvelée en 1667, le roi se servit de Turenne, par préférence à tout autre, pour faire son apprentissage dans l'art militaire. Il l'avait honoré du titre de maréchal-général de ses armées ; Turenne en parut digne par de nouveaux succès : il prit plusieurs places en Flandre, et ces avantages procurèrent la paix.

Louis XIV ayant résolu de faire la guerre en Hollande, lui confia le commandement de ses armées. On prit quarante villes sur les Hollandais en vingt-deux jours, en 1672. L'année suivante il poursuivit l'électeur de Brandebourg, qui était venu au secours des Hollandais, et favorisa, en 1674, la conquête de la Franche-Comté, en empêchant les Suisses, par le bruit de son nom, de donner passage aux Autrichiens.

Les conquêtes de Louis XIV et ses desseins trop vastes

ayant obligé les princes de l'Empire de se liguer contre son ambition conquérante, Turenne, qui était en Alsace, passa le Rhin à la tête de 10,000 hommes, fit trente lieues en quatre jours, attaqua à Sintzheim, petite ville du Palatinat, les Allemands commandés par le duc de Lorraine et par Caprara. Ce combat fut peu décisif; et si, comme M. de Beauvau l'assure, les Allemands n'avaient pas une pièce de canon, il faut convenir que la gloire de cette journée leur appartient. D'Avrigny convient qu'on ne poursuivit pas les ennemis, et qu'on se contenta de ravager le Palatinat. Ce ravage passe tous les tableaux qu'on pourrait en faire; il n'y a peut-être dans l'histoire des hommes que celui qu'on exécuta dans ce même Palatinat, en 1688, qu'on puisse lui comparer, et qui fut encore plus terrible. Nous dirons seulement que si, comme on n'en peut pas douter, Turenne avait reçu les ordres de changer en un désert la plus belle province d'Allemagne (projet enfin complètement exécuté en 1688), il eût dû consulter sa générosité naturelle, et abdiquer plutôt le commandement de l'armée que d'être l'instrument d'une si étrange politique.

Les Allemands ayant reçu des renforts considérables après le combat de Sintzheim, passèrent le Rhin et prirent des quartiers d'hiver en Alsace. Turenne, qui s'était retiré en Lorraine, rentra au mois de décembre, par les Vosges, dans la province qu'il feignait d'abandonner, battit les Impériaux à Mulhausen, les défit encore mieux à Turckeim quelques jours après, et les força de repasser le Rhin le 6 janvier 1675.

Le conseil de Vienne lui opposa un rival digne de lui, Montecuculi. Les deux généraux étaient près d'en venir aux mains et de commettre leur réputation au sort d'une bataille auprès du village de Saltzbach, lorsque Turenne, en allant choisir une place pour dresser une batterie, fut tué d'un coup de canon, le 27 juillet 1675, à soixante-quatre ans. On sait les honneurs que le roi fit rendre à sa mémoire. Il fut enterré à Saint-Denis; mais, en 1793, son tombeau fut détruit avec ceux des rois : il a été depuis replacé aux Invalides. Turenne n'avait pas toujours eu des succès à la guerre : il avait été battu à Mariendal, à Rethel, à Cambrai ; il ne fit jamais de conquêtes éclatantes, et ne donna point de ces grandes batailles rangées dont la décision rend une nation maîtresse de l'autre ; mais ayant toujours réparé ses défaites et fait beaucoup avec peu, il passa pour le plus habile capitaine de l'Europe dans un temps où l'art de la guerre était plus approfondi que jamais. Mascaron et Fléchier prononcèrent l'*oraison funèbre* de Turenne, et ces deux discours sont les chefs-d'œuvre de leurs auteurs. Il existe encore à Saltzbach, sur la place où Turenne fut tué, un monument qui fut élevé, en 1781, par le cardinal de Rohan, et qui a été rétabli en 1801 par le général Moreau.

VINCENT DE PAULE (SAINT).

Un livre qui finit par Vincent de Paule porte avec lui sa recommandation, son cachet de moralité. Nous ne pourrions inviter nos jeunes lecteurs à plus de vertus qu'à celles qui recommandent à tous l'étude de la vie de saint Vincent de Paule.

Vincent de Paule est un de ces prêtres qui ont su mettre en pratique dans toute leur pureté la morale et le génie du christianisme ; un de ceux qui ont le mieux mérité de l'humanité dont ils ont été les bienfaiteurs. Jamais aussi le nom de Vincent de Paule ne sera prononcé qu'avec la plus profonde vénération ; jamais son souvenir ne se présentera à la mémoire qu'accompagné des bénédictions de tous.

Les philosophes les plus impies, à l'apogée de leur triomphe en 93, lui ont rendu l'hommage public de leur vénération.

Vincent de Paule naquit à Ranguines, petit village à quelques lieues de Bordeaux, le 24 avril 1576. Ses parents étaient pauvres, et il passa sa première enfance à garder les troupeaux jusqu'à l'âge de douze ans, qu'il entra chez les cordeliers d'Arcis pour y faire ses études; ses progrès furent rapides. Le 20 décembre 1596 il reçut la tonsure et les ordres mineurs; et, suppléant par son travail aux moyens pécuniaires qui lui manquaient, il alla suivre à Toulouse un cours de théologie, et le continua pendant sept ans, tour à tour maître et disciple, donnant des leçons pour vivre, et en recevant lui-même pour acquérir la science nécessaire à un ecclésiastique.

Les vertus et la constance de Vincent de Paule devaient être mises de bonne heure à de rudes épreuves. Capturé par des corsaires barbaresques, en allant par mer de Marseille à Narbonne, en 1605, vendu sur la place publique, puis revendu à plusieurs maîtres différents, il parvint enfin, après deux années d'esclavage, non-seulement à recouvrer la liberté, mais encore à ramener son dernier maître à la foi chrétienne qu'il avait abandonnée.

Cet événement devint pour Vincent de Paule la cause première d'une élévation dont il a su faire un si noble usage. Le vice-légat, qu'il avait accompagné à Rome, le mit en relation avec les ambassadeurs de Henri IV auprès du pape Paul V. Ceux-ci, enchantés de sa pénétration et de sa loyauté, le chargèrent d'une importante mission. Vincent de Paule vint à Paris en 1609, eut avec le roi plusieurs conférences, et, l'année suivante, 1610, fut nommé aumônier ordinaire de la reine Marguerite de Valois.

Pourvu, en 1612, de la cure de Clichy, il la quitta, vers la fin de l'année suivante, pour se charger de l'éducation des trois filles d'Emmanuel de Gondi, comte de Joigny, général des galères. Ce fut alors que, tournant au profit de l'humanité le crédit sans bornes dont il ne tarda pas à jouir auprès du sire de Joigny, Vincent de Paule fixa ses regards sur les criminels condamnés aux galères. En voyant

leur misère, il oublia leurs fautes pour ne plus songer qu'à
les rendre meilleurs. Après avoir obtenu tout pouvoir du
comte de Joigny, il commença par louer, dans le faubourg
Saint-Honoré, une maison assez vaste pour rassembler les
galériens de toutes les prisons de Paris. A l'aide des secours
pécuniaires qu'on s'empressa de lui fournir de toutes parts,
il parvint bientôt à rendre plus supportable l'existence
physique des malheureux qu'il avait pris sous sa protection ; en même temps qu'il s'efforçait à les ramener au bien
par des instructions pleines d'onction et de simplicité évangélique. Tant de zèle ne tarda pas à être couronné de succès ; un changement presque miraculeux s'opéra en peu
de temps, et Louis XIII créa Vincent de Paule aumônier-
général des galères.

Vincent de Paule, trouvant dans cette nouvelle dignité
de nouveaux devoirs à remplir, se mit à faire de nombreux
voyages pour parcourir les différents bagnes de France,
et porter partout des consolations et des secours. Dans une
de ces pieuses excursions, en 1612, il se substitua à un for-
çat qui l'avait touché par son repentir. Ce trait héroïque de
charité fournit de magnifiques paroles à la chaire chrétienne.

En fondant des hôpitaux pour soulager les malheureux,
en travaillant à ramener au bien les criminels, Vincent de
Paule songeait aux moyens de prévenir le crime ; il n'en vit
pas de plus efficace que de répandre l'instruction dans les
campagnes, et c'est dans ce but que, le 6 mars 1614, il
fonda la congrégation des missions, spécialement destinée
à instruire les populations de la campagne et à former au
saint ministère ceux à qui le salut de ces mêmes peuples
devait un jour être confié. Vincent de Paule donna tous
ses soins à cette nouvelle institution ; mais ce n'était pas
encore assez pour lui ; plus il faisait de bien, plus il voulait
en faire ; et l'année 1634 vit se constituer et s'établir la
congrégation des sœurs de la Charité, institution admirable qui, par les services qu'elle a rendus et qu'elle rendra

chaque fois aux malheureux, suffirait seule pour mériter à son fondateur le titre de bienfaiteur de l'humanité.

Après la mort de Louis XIII, en 1643, Vincent de Paule, qui l'avait assisté dans ses derniers moments, fut nommé par la régente Anne d'Autriche à la présidence du conseil de conscience. Dans ce poste éminent, qui lui confiait la nomination de tous les grands dignitaires de l'Eglise de France, il suivit toujours la même conduite. Profitant du pouvoir dont il jouissait pour vaincre les obstacles qui s'opposaient à ses généreux desseins, il parvint enfin, en 1648, et après plusieurs tentatives infructueuses, à fixer pour toujours le sort des enfants trouvés ; il s'efforçait, en 1649, de prévenir les malheurs de la Fronde en tâchant d'amener à des concessions la reine-mère et son premier ministre ; et, déchu de ses nobles espérances, il s'empressait de secourir les provinces désolées par la guerre civile, en y faisant passer en un an plus d'un million.

La santé de Vincent de Paule était tellement affaiblie dans les quatre dernières années de sa vie, qu'il ne pouvait plus sortir. Cependant il s'appliquait encore à diriger les établissements qu'il avait fondés. Aucun bien ne se faisait sans sa participation, on le regardait comme le père de tous les infortunés.

Après de cruelles souffrances, qu'il supporta avec une piété indicible, il mourut à Saint-Lazare, le 17 septembre 1660, à l'âge de quatre-vingt-cinq ans.

Vincent de Paule fut béatifié par Benoît XIII, le 14 août 1729, et canonisé par Clément XII, le 16 juin 1737.

La vie de cet illustre saint a été mille fois présentée par l'éloquence et les Beaux-Arts.

FIN.

Limoges. — Typ. F. F. Ardant frères,